驚くべき日本語

ロジャー・パルバース

知のトレッキング叢書
集英社インターナショナル

驚くべき日本語

目次

キャラクター（トレッくま）イラスト　フジモトマサル
カバーイラスト　平田利之
装丁・デザイン　立花久人・福永圭子（デザイントリム）
著者写真　田中智己

まえがき

日本語という言語は、日本人だけに通用する特殊な暗号のようなものだと考えられてきたように思います。外国人には、暗号を「解読」できたとしても、言葉の深い意味——日本民族の「こころの声」——は、おおよそ理解できないだろうと、たいていの日本人は思っていました。澄んだ水を通して池底の美しい石が見えているのに、水辺にとどまるほかない者は、底に沈む石のところまでたどりつけないのと同じです。外国人は、ただ池の端っこから驚嘆のまなざしでのぞきこむことしかできませんでした。つま先をちょっと水に浸《つ》けてみたり、場合によっては足を入れるぐらいはできたけれど。あるいは、立ち泳ぎもできるようになったかもしれません。ただ、深いところに潜水することはできなかったのです。

いまだに日本人の多くは、池は自分たちだけの特別なもので、「外の人間」つまり外国人は、目も鼻も耳も口も、輝く水面の上に出したまま、永遠に立ち泳ぎを続けるのがせいぜいだと思いこんでいるのではないでしょうか。

わたし自身は、かれこれ四五年もたくさん日本語の本を読み、日本語でもものを書いてきましたが、ことあるごとに日本人から聞かれたのは、言われたことの意味が「ほんとうにわかるのか」ということでした。もちろんわかりますと断言すると、みなたいてい、「ほんとうかな？」といぶかしげに首をかしげます。

日本語がある種の暗号――日本人特有の、言わずもがなの以心伝心のコミュニケーション言語――だという考え方は、アジア大陸の文明の中心からはるか遠く、さらに中東やヨーロッパ、そしてアメリカ合衆国など他の文明から膨大な距離で隔たった島国で暮らす日本民族には、非常にうまく機能してきました。日本人は、自分たちの文化を形作っている、美しい色とりどりの無数の石の、実に細やかで精緻《せいち》な特徴を表現するために、日本語独特の美的な言葉を創造することができたのです。たとえば、もののあわれ、わび、さび、和、幽玄、雅《みやび》、粋《いき》など、微細な違い一つひとつに言葉を与えました。このような言葉は、まさに他の言語に翻訳することがきわめて困難なものでしょう。たとえなんとか似たような言葉を見つけて翻訳できたところで、たいていは日本語の深い意味あいを説明するために概念そのものをさらに説明づける必要にせまられます。たとえ外国人が一つひとつの単語を理解できたとしても、日本人が言葉をつなぎ合わせて使う独特の方法は、彼らには「解読」不可能とは言わないまでも、おそらく困難に違いないという日本人の思いこみも、日本の風土とそれに基づく日本語の使い方によるものです。

説明が必要になるのは、美的な日本語の言葉だけではありません。ごく日常的な言葉の多くも、非常に「日本的」に見えます。たとえば、遠慮、気配り、一期一会《いちごいちえ》、恩返し、などなど。「情け」という言葉は「翻訳不可能だ」と、ある日本人女性に言われたことがあります。でも、彼女は日本語以外の言語のことなど、ほとんど知らずにそう言っていたのです。

しかし、言葉やフレーズ以上に、いかにも日本人特有に思われる表現のモード――いや、むしろ、「非表現モード」といえるかもしれません――があります。それは、通常自分の感情を表に出さなかったり、一見曖昧《あいまい》な言葉でしか表現しないというモードです。まさにコミュニケーションのモードとして日本人が使うのは、相手と目を合わせたり(あるいはそらしたり)、身振り手振りで行う表現ですが、それは多くの場合、本質的に他の民族と同じものではありません。

日本人は、こういったことで、日本語が曖昧な言語だと信じこんでいます。わたしもさんざんそう聞かされて、ついに両方の耳にタコができて、ダンボかと見まがうばかりになりました(冗談であってほしいですが)。だれもが断言してはばからない「曖昧さ」は、日本人の典型的な特徴を創り出した多くの行動様式とあいまって、日本語が外国人にとって最も習得するのが困難な言語だという定説を生むことになりました。

ここで、三つの疑問について確認させてください。

その1　日本語は、日本人だけが理解できる規則と秘密をもつ、特殊な暗号なのか？
その2　日本語は、曖昧な言語なのか？
その3　そして、日本語を外国人が学ぶのは困難なのか？

わたしの答えは、いずれも「ノー」です。

1　日本語には、秘密もなければ、不可解さも、暗号のようなところもありません。

2　明らかに、日本語は曖昧ではありません。

3　そして実際、話し言葉としての日本語は、わたしの知る限り、学ぶには最も平易な言語の一つです。

ロシア語とポーランド語を学んでみると、会話に関しては、このきわめてむずかしい二つの言語より日本語のほうがはるかに簡単だと断言できます。わたしの母語である英語にいたっては、発音、綴《つづ》り、そして不規則きわまりない強調のアクセントの場所、膨大な日常的語彙《ごい》の数からして、学ぶには小憎らしいほどむずかしい言語です。

日本語の読み書きが非常にむずかしいというのはたしかです。日本人にとってさえ、そうでしょう。わたしはただ、この本では基本的に「話し言葉」としての日本語について考えてみたいと思います。

人間はもう何万年も言葉を話してきました。それに対して読み書きは、たかだか五〇〇〇年ほどです。さらに聖職者や政治に関わる役人をのぞいて、ごくふつうの人間についていえば、読み書きの歴史は、まだ一〇〇〇年そこそこです。わたしの両親の両親、厳密にいえばわたしの父方の祖父母は、読み書きができませんでした。自分の署名すらできなかったのです。それもたった一世紀前の話です。

すべての言語は、日本語もふくめて、実のところ完全に中立的なものです。「中立」という意味は、ある言語が曖昧だとか「表現力に富む」、あるいは音楽のように美しい、などと主張することは、主観的な仮定の上のことでしかない、という意味です。

人間は、どの国に生まれようともだれもが感情をもち、考えていることを同じ広さと深さで表現できる能力をもっています。言語のなかには、地理的あるいは歴史的な背景によって特別な意味をもつ事柄に対して独自の語彙が発達してきたものもありますが、どの言語もひとしく表現力の豊かさをもっています。そしてまた客観的に見て、すべての言語は同じように美しいのです。

ここまで読んでくれた読者から、すでに疑いの声が聞こえてくるようです。……「人間の感情の奥にあるものは、その国や地域の文化や歴史によって言語に表現されているのでは？」と。

まったくその通りです。ある一つの言葉や色、音に対して、日本人は、中国人とも、ペルー人とも、あるいはノルウェー人ともケニヤ人とも異なる反応を示すでしょう。このことは、日本語の一つの言葉が、中国、ペルー、ノルウェー、ケニヤ、どこの言語にも見られない独自の意味やニュアンスをもっているということです。

しかし、こういったことはすべて、ある言葉のニュアンスや、色との関係、あるいはある音の美しさのほんとうの価値を理解するためには、文化的な背景が必要だということを示しているだけなのです。言葉は、それぞれの国や地域の歴史的、文化的、慣習的な文脈のなかで存在しています。その文脈の外では、言葉は、もともと中立的です。このことは、日本語だけに当てはまるのではなくて、すべての言語についていえることです。

日本人でないわたしたち外国人にとって学ぶのがむずかしいのは、日本文化の複雑さや、何世紀にもわたって進化をとげ、変化してきた日本人の行動様式から派生する多くの慣習です。現実的な言葉や表現そのものも変化をとげ、新たな意味や要素を取りこんできているのも当然のことです。

わびやさび、もののあわれといった言葉が一〇〇〇年前に生きた日本人に感じられた意味は、江戸時代の人間には、そしてまた現在の日本人には異なっています。情けや義理、人情という言葉が明治時代の浅草でもっていた意味も、現代の池袋にいる人たちには異なるものに変わっているでしょう。「やばい」という言葉や、「ありえない!」という表現が、一九六七年にわたしが日本に来たときとはまったく異なる意味あいで、特に現代の若者たちのあいだで使われています。

しかし、言葉そのものは、完全に中立的なものです。中立的だからこそ、意味が容易に変化していきます。言葉の中立性は、すべての言語に共通の特徴であって、人間は新たな意味を与え、旧《ふる》い意味を捨てることができるのです。

言葉は空っぽの器のようなもので、それぞれの民族が、そこに自身の染料や顔料を注ぎこみ混ぜ合わせて、その時代時代に、自分たち自身あるいは外の世界に向けて自画像を描くために使う、驚くほど多様な色彩のパレットを作り出します。話し言葉の織物《おりもの》は、まさにこのようなものです。ある織物は、絹のようになめらかで美しい。またあるものは、ありふれた、使い勝手のよい木綿《もめん》かもしれません。あるいはまた、粗《あら》くざっくりと織られた麻布《あさぬの》で、いろいろなものをまとめて入れることができるような丈夫な布かもしれません。

言葉の使い手たちは、毎日言葉の織物を使っていますが、それをどんな用途で使おうとか、それで何ができるかなどとはほとんど意識してはいません。この本で、わたしは日本語という織物をほぐしていって、その布が何からできているのか、よりあわされた糸の一本一本を探ってみたいと思っています。

この本が、日本語という言語の礎《いしずえ》がどのようなものなのか、日本の読者のみなさんが新しい視点から理解する一助になってほしいというだけでなく、二一世紀に日本人であるということの意味をも見つけてもらえればと願っています。

さて、日本語がある種難解な暗号であるという考え方は、過去の歴史においては日本人にとって都合のよいものだったのかもしれません。日本民族に、何かしら神秘的なオーラを与えていたのです。しかし、二一世紀に入って十数年もたった現在、そんな神秘は紗幕《しゃまく》のような、偽りの見せかけにすぎません。

紗幕は、劇場で使われる薄織《うすおり》のカーテンで、正面から光が当たっていると不透明に見えます。ところが、紗幕の背後で展開している場面にその後ろから照明を当てると、観客は紗幕を通してその様子を見ることができるのです。わたしは、まさに紗幕の背後で繰り広げられる場面に照明を当てたいと思っています。

この日本語という言語の紗幕の後ろを見てみましょう。たしかに見えてくるのは、美しく魅力的な場面です。しかし、それればかりではないでしょう。日本語の深淵をも垣間《かいま》見ることになるでしょう。日本語は、日本の類まれな知力を生み出したり、日本そのものを世界に開いていったりするには、最適の、柔軟でしなやかな媒体なのです。日本語は——英語でも他のどの言語でもなく——世界と日本をつなぐ橋を造る道具になるでしょう。

もちろん外国語ができるに越したことはないにしても、日本人が外の世界を理解するにあたって何が障害になっているのかというと、少なくとも巷《ちまた》でよく言われているような、外国語の運用能力の問題ではありません。おもな障害物は、自分たちの言語の本質そのものに対する誤解なのです。

外から自分の言語の本質を理解し、判断することはどの民族にとっても簡単なことではありません。たとえば、日本語はむずかしい言語なのか？　美しい言語なのか？　特別な言語なのか……？

アメリカ人やカナダ人が、英語についてこういった質問に答えることができるでしょうか？ベトナム人やイエメン人が、母語であるベトナム語やアラビア語がむずかしいのか、美しいのか、特別なのか、わかっているでしょうか？　おそらく彼らは異口同音《いくどうおん》に、「もちろん、むずかしいし、美しいし、特別だ」と答えるでしょう。外の視点から、自分の言語を見ることなどできるのか？　自分の言語に対して客観的に見ることは可能なのか？

答えは、「イエス」、可能です。

この本のなかで、わたしはこういった質問の答えを深く探っていきたいと思っています。同時に、日本人がなぜ、日本語を特殊な暗号のように見るようになったのかを説明したいと思います。

日本の未来、日本人の可能性は、まさに日本語の将来にかかっています。そして、日本人がどのように日本語をとらえ、使うのかということに。民族の可能性は、言語と、彼らの言語観のなかにあるのです。

そして、個人的に付け加えさせてもらえるなら、本書を上梓するにあたっての命綱といえば、わたしの感謝の思いを、すばらしい編集者、そしていまや親友である生駒正明氏と、最高の翻訳をしてくれたもう一人の親友、早川敦子さんに伝えたいと思います。心から、二人に感謝を捧げます！

ロジャー・パルバース

二〇一三年南半球の夏の一二月
シドニーにて

第一章 言葉とは何か

「言葉ほど大きな力をもつものを、わたしは知らない。わたしはたまに、たった一つの言葉を書き記して、それが輝きだすまでじっと見つめていることがある」——エミリー・ディキンソン

言語は、一言語から新しい多言語へと分岐した

日本民族が自分たちの言語をどのように考えていたかを理解するには、まず遠く遠く過去にさかのぼらなければなりません。

わたしたち人間は、話す能力をもっているから話すのです。

人間の身体的能力が徐々に発達して話せるようになったのか、まず音を発することを始めて、そこから意味へと進化していって言葉を話すようになったのか、そういうことはまだ解明されてはいません。いずれにせよ、アフリカから地球全体へ人類という種が広がっていくずっと前から、人間は徐々に「話す人」へと進化してきました。

はるか昔、約一〇万年前のアフリカ、サハラ砂漠の南の地域で小さな集団を形成して暮らしていたころに思いを馳せてみましょう。なぜ、人間は言語を発展させていったのでしょうか？

答えはおそらくこうなるでしょう。

話すことが身体的な機能として可能になり、そして言語が、人間の進化をうながすさまざまな利点をもっていたから。

言語をもつことで、人間は、より効率的に社会における協力活動を促進する状態を創り出すことができます。たとえば、「君はそっちをやってくれ、わたしはこちらを引き受けよう」とたがいに分担する指示を出せたら、よりスムーズに仕事を完成させていくことができるでしょ

う。「火打ち石をそんなふうに持つな！」「谷に近づくな、あそこにはライオンがいる」と、危険を警告することもできます。知恵を伝えることもできます。「君のおばあちゃんはこの歌を、よく歌っていたよ」。あるいは、「あの木の下にご先祖様が眠っておられる……」。

言葉は、人間が存続していくための、そしてまた知識の伝達において、最も強力かつ効率的な道具になりました。人間は、より簡単に知識を伝える工夫を考えて、歌や物語を作るようにもなりました。

人間は、話すことによって、周辺にあるものごとをたがいに伝達して共有し、社会生活において調和と安全を手に入れようとしたのです。調和と安全がないところには、家族も成立しません。そして家族が存在しなければ、人間が種として未来に存続していく「総合戦略」の可能性も狭まってしまいます。

人口が増加していくにつれて、食料や水といった資源や、安全な場所を確保する必要性が高まっていきました。必要な情報を共有する伝達能力を進化させながら形成された集団は、そこでさらに分かれていきました。つまり、同じ地にとどまる者もいれば、そこから外へと移住していく者も出てきたのです。

何世代もの時間の経過を通して、同じ集団を統括してきたのは、彼らが使用する言語だったのです。

そして、その言語集団の一部、あるいはさまざまなグループが、別のさまざまな地へと移動していきました。移民は、もともとの集団から遠く隔たったところに、新たな自分たちの言語の「なわばり」を創り上げたのです。

それから、最も驚くべき変化が起こりました。

移民たちの集団が、徐々に元の集団が使っていた表現とは異なる表現形式を使い始めたのです。初期のころは、それでも表現形式や言葉はもともとの言語集団で使われていたものと非常によく似ていて、いわば「方言」のようなものでした。

しかし時間がたち、さらに距離が遠くなるにつれ、特に広大な砂漠や高い山々、あるいは大きな川で隔てられてしまうようになると、こういった表現形式や言葉はもともとの言語からは大きく変化をとげ、ついにたがいの集団が再び相まみえることがあったとしても、理解できないところまで異なるものになっていきました。

言葉は「敵」と「味方」を区別する道具になっていった

ここまで、何万年も前、言語がどのような進化をとげたのかをごく簡単に説明してきました。それは、現代の言葉の多様化ということを考えてみれば、よりはっきりとイメージできるでしょう。とにかく話し言葉について驚くべきことは、それが実にすばやく変わっていくということです。方言は、「山の向こう側」の人間たちによって生み出されます。新しい言語が、同じ言語の家族、言語グループに属するものとして生まれ、それもまた分岐して、たがいに理解できないところまで変わっていくのです。

ドイツと隣り合う二つの国、現在のデンマークとオランダに住む人たちは、ともにドイツ語系言語を話していますが、そのデンマーク語とオランダ語を、いまや国境を隔てたドイツ人は理解することができません。

ポーランド語、ロシア語、ウクライナ語も、一ダースを超えるスラブ語系言語のなかの三つですが、たがいに似た言葉があるので、会話の要点をとらえることが可能な場合もあります。しかし、この三つは方言ではありません。それぞれ独立した言語で、語彙《ごい》や文の構造もしばしば異なっています。たいていの場合、この三つはたがいに理解できない言語だといえるでしょう。

見方を変えて、言語を共通に理解できるものとしてではなく、「共通して、たがいに理解できないもの」としてとらえてみたらどうでしょうか。

実はこれこそ、人間が新しい言語を発展させてきた理由なのです。

つまり、新たな言語によって、「他者」には理解され「ない」ようになり、そうすれば、「彼ら」と「われわれ」を、単に口を開いて何か言葉を話すだけでちゃんと区別することができるからです。

大昔、外見だけで他者を判断するのは十分ではありませんでした。一見「同じ集団の人間」のように思える相手でも、ほんとうは「見ず知らずの人間、外の人間、他者」かもしれません。

しかし、ひとたび言葉を話せば、だれでも即座に、その人間が同じ集団の人間かどうかがわかります。そして、そうであれば守るべき対象となります。

遺伝学的に見れば、結局、言語は戦いの基本的な道具なのです。自分の遺伝子が生き残り、子孫が繁栄するのを願うということは、「自分」という個人から、さらに「自分の家族」、そして最終的には「自分の民族」の繁栄を意味することになります。こうして、言語は、ある民族のアイデンティティを構築する道具として使われることになるのです。

外国語を耳にすると、ちんぷんかんぷんな音のように聞こえます。その音を言葉として認識することはできないし、しばしば一つの単語がどこから始まってどこで終わるのかということを理解することさえできません。

ロシア語の(そしてポーランド語の)「ドイツ人」という言葉は、もともと「聾《ろう》・唖《あ》者《しゃ》」、すなわち聞くことも話すこともできない人間という意味を表していました。英語の We don't speak the same language.(わたしたちは違う言葉で話しているようだ)という表現も「見解は一致しない」ということを意味しています

このように、言語はわたしたちの最も価値ある社会的な道具であって、協力と調和をうながす役割をもっています。しかし他方で、それは「同じ人種でくくられた集団」という意識を作り上げる武器でもあって、「他者」をたしかな方法で識別して自分たちの集団から疎外することにも加担します。そのように考えれば、日本人が日本語をきわめて排他的な民族上の暗号と

してとらえていることも、もっともなことだといえるでしょう。

それは、そもそも始まりの段階からすでに言語に備わっていた本質だからです。

わたしたちのアイデンティティは「言葉」によって創られる

世界にはなぜこれほどまでに多様な言語があるのでしょう？　それは、単純に人類が世界中に分散していったからです。それぞれの集団は、自分たちは同じ仲間であるということと、他者とは違った集団であるということを裏づけるために、自分たち独自の言語を発展させながら、それぞれの状況に応じた言葉を創り出しました。

人間は、どの言語を話すかによって、特定の集団に「属する」存在になったのです。

言語は、他の何ものにもまして、自分がどの集団に「属する」かを決定するものです。

現在にいたるまで生き残ってきた約六五〇〇〜七〇〇〇のわたしたちの言語について語るのに、まず「そもそも言葉はどうやって生まれたのか」という点からこの本を始めたのには、深い訳があります。それは、「わたしたち人間は言葉そのものである」ということです。

「人種」といわれるものの存在を信じこんでいる人は、短絡的な言葉のまやかしに惑わされて、ものごとの本質を完全に見誤っていると思います。というのも、実はわたしたちの民族的なアイデンティティは、言葉によって構成されているからです。

たとえば、一人の日本人が、まだ日本語を覚える前の幼いころに日本を離れ、アメリカ合衆国に、あるいは南アメリカに移住したとします。その子どもは、現地の言語（英語かスペイン語、あるいはブラジルだとするとポルトガル語）を「母／国語《ネイティブ・ランゲエッジ》」として習得することになるでしょう。日本語では、この言語のことを母国語または母語と呼んでいます。しかし、少しあとで述べますが、現実的にはこの言語をより的確に定義する言葉があります。

しっかり頭に入れておかなければいけないことは、自分がどの民族に属するかを決定するのは、言語だということです。とすれば、子ども時代に日本を離れ、日本語を話すことができない人は、それでも「日本人」といえるのでしょうか？　もしその人が、たとえばペルーで、やはり同じような類の「日本人」と結婚したとしたら、その子どもたちは「日本人」なのでしょうか？

もちろん、彼らの地理的な意味でのルーツは、依然として「日本」であり続けるでしょう。しかし、親も、あるいはその子どもたちも、「自分のルーツは日本だ」ということ以外に、自分自身のことを日本人として意識するでしょうか？

それは疑問です。日本語を話さないなら、彼らは日本人ではないし、世代がさらに新しく変わっていったら、もはやどう考えても日本人とはいえなくなるでしょう。

近年、よくＤＮＡという言葉が広い意味で使われています。たとえば、「日本人は、長い休暇をとるＤＮＡを持ち合わせていない」などという言い方を耳にします。しかし、比喩《ひゆ》的な使い方はともかくとして、実際には、人間には、「人種」的なＤＮＡなどというものは存在しません。人間の本質は、まず生まれて最初に習得する運命的な言語、つまり、「第一言語」として認識する言語によって、決定づけられてしまう存在なのです。

一九六〇年代に京都で暮らしていたころ、わたしが日本語で話しても、理解「できない」日本人がいました。決してアクセントが変だったり、言葉の使い方が間違っていたからではないとわたしは思っています。彼らはみな、わたしの口から出てくる言葉（見るからに「日本人」ではない顔をした人間の口から出てくる言葉）は外国語に決まっていると、はなからそう思いこんでいたからです。わたしが日本語で話しかけた女性はこう言いました（当然ですが、彼女はわたしの言う日本語が理解できていました）。

「まあ、日本語と英語がこんなに似ているなんて、思ってもみませんでしたわ！」

日本人は、母国語との関係という点でいえば、世界の他のどの国の人とも異なってはいないのです。人はだれも、一つのあるいは複数の言語のなかに生まれ落ちます。もちろん、その言語は、たいていは両親や兄弟姉妹が話す言語です。

第一言語の音の響きだけがものごとのイメージと結びつく

わたしたちにとって、母語（native language《ネイティブ・ランゲエッジ》）という言葉を的確に表現する別の言葉があるとしたら、それは、前述した「第一言語」をおいてほかにないでしょう。この第一言語が他のすべての言語と異なる根本的な理由は、それが脳にしっかりと取りこまれ、脳細胞に焼きつけられる過程にあります。そのことを、動物園での一コマを例に説明してみましょう。

動物園といえば、ほとんどの親にとって、幼い子どもを連れていくのに格好の場所です。

子どもが、初めて目にしたある動物を指さして尋ねたとします。

「ママ、あれ、なあに？」

母親はこういうふうに答えるでしょう。

「あれはブタよ」

「ブタ？」

と、子どもは繰り返します。

「そう！」

母親は、満足そうににっこりします。もちろん、子どもが自分の言った言葉をそのまま繰り返したからです。

まだ子どもが小さくて、たとえば「おいしい」というべきところを「おいち」などと正確に発音できないときは別として、アクセントや発音がうまくできると、母親はとても満足を覚えます。さらに二歳か三歳にもなれば、子どもは、母親の言葉と寸分たがわぬ言葉を繰り返すようになり、母親が喜んでいるのを見て満足します。それは学習のごほうびのようなものです。

母親にほめてもらえること、これは子どもにとってとても重要なことです。このごほうびは、どんな言語を習得する場合でも大変重要な要素です。

ちょっと考えてみましょう。この母と子の会話は非常に基本的な会話ですが、ここで特徴的なことは、いったい何でしょうか？

今度は、インドネシアからの交換留学生が、友人のあなたのところにやってきたと想像してください。あなたは、彼女を動物園に連れていくとします。彼女は、日本語の簡単な言葉は知っています。ガラスのケースのなかにいる複雑な色をした美しいトカゲの前で立ち止まって、指さして質問します。

「あれ、日本語でなんと言いますか？」

あなたは、こう答えるでしょう。

「ああ、あれは、トカゲって言うんですよ」

この会話が、先ほどの母と子の会話とどう違うか、気づかれたでしょうか？

子どもは母親に「ママ、あれ、何と言うの？」とは尋ねず、母親も「それはブタと言うのよ」とは答えていませんでした。

その動物は、「ブタそのもの」なのです。ブタ「と言われているもの」ではなく、ブタそのものを示しているのです。

一方で、留学生のほうはどうかというと、彼女はすでに第一言語であるインドネシア語でトカゲという言葉を知っていて、実際に幾度となくトカゲを見た経験もあるでしょう。その上で「日本語でどう言われているのか」と質問しているのです。

彼女は、自分自身が「カダル」（インドネシア語で「トカゲ」を意味する言葉、インターネットのおかげで調べがつきました）としてすでに知っている言葉に置き換え可能な日本語を、自分の脳に刷《す》りこもうとしていた、ということです。

脳に「刷りこむ」、と言いましたが、このインドネシアの留学生は、動物園から帰るまでに、あるいは日本を去るまでには、「トカゲ」という日本語を忘れてしまう可能性が高いはずです。しかし、もともと知っていた「カダル」という言葉を忘れることはまずないでしょう。なぜなら、彼女の脳には、第一言語の言葉によって、その動物が「トカゲそのもの」として刷りこまれていて、それはトカゲ「と言われているもの」とは違うからです。

これが、子どもがまわりのあらゆるものを言葉に結びつけて学習していく方法です。それゆえに当然わたしたちは、母語で聞いた言葉はそれそのものに最も近いものだと思うのです。

二〇歳になるまで外国語を話した経験のなかったわたしからすると、この本を読む日本人の読者が、「ブタ」という言葉の語感で、動物のブタのイメージとそれに関連するさまざまなものを連想するのと同じように、pig《ピッグ》という言葉の響きは、まさしくあのピンク色のかわいらしい生き物を表現するのにぴったりに聞こえます。

ちなみに英語で、「トカゲ」は lizard《リザード》 と言いますが、わたしのような英語を第一言語にする人間にとっては、この lizard という言葉の響きで、すぐにトカゲのような動物を連想します。英語の「l」と「z」の音は、「何かしらすばやく逃げ足の速いもの、にょろにょろして横に滑るようなもの」のイメージを想起させるので、さらにさまざまな連想が生まれていきます。日本人にとっては、「トカゲ」という語感が、まさにその動物「そのものぴったり」に感じられるのと同じように、インドネシアの留学生にとっては、「カダル」がそうなのです。

つまり人間は、第一言語によって、音と物のつながりがしっかりと脳に焼きつけられているということです。

このように、第一言語における音の要素は（そもそも言葉は音の組み合わせだけでできています）永遠に頭のなかに刷りこまれる、ものごとのイメージを形作っています。

認知症の患者の非常に興味深い症例として、第一言語を話す能力にはほとんど問題がなくても、外国語を話す能力が失われてしまうケースのあることが指摘されています。言葉を換えれば、二つの言語能力、すなわち第一言語を話す能力と外国語のそれとでは、それぞれ脳の違う部分に言葉が刷りこまれるということです。

外国語を学習するとき、わたしたちは、ものごとそのものの認識として「第一言語で前もって知っている」ものを言い換えた言葉を聞いています。外国語で言い換えられたこの言葉は、音を正確に真似して記憶することが困難なものです。外国語は、もともと自分たちの舌や喉や唇の通常の動きから生まれる第一言語の音とは異なる音をもっているかもしれません。たとえ非常に正確に音を真似できたところで、それをあとになって思い出すことはむずかしいのです。実際、わたしたちは何度同じ言葉を辞書で引く羽目におちいっていることでしょう！

仮に記憶できたとしても、わたしたちの発音は最初にその言葉を発音したときにくらべて、いったいどれほど不たしかな発音になってしまっているのでしょうか。それはちょうど、伝言ゲームのプロセスのようです。つまり、同じ言葉を何度も何度も繰り返していくと、最後には、もともとの言葉からとても想像できないような別の言葉になっていることがあるのです。悲しいかな、この類のことは外国語を学習するときにはよく起こることです。

第一言語で言葉を学ぶプロセスと、あとから学ぶ言語の場合との違いを理解すれば、外国語を学ぶときに少なくとも何が必要なのかがわかるでしょう。

他の言語を習得する能力は、自分自身の第一言語をどのように「学習」し、とらえているのかということの理解にかかっているといえます。

だれにとっても、別の言語がもう一つのアイデンティティになりうる

世界で話されている多くの言語とくらべ、これぞ日本語の特質というものは何か？

たった一つの言語しか話さない人間に、その言語が「むずかしい」のか「美しい」のか、「曖昧」なのか「ユニーク」なのかを判断することはできるのか？

こういった疑問はすべて、多くの日本人が日本語について語るときに使うフレーズです。外からのぞきこんでみたら、日本語は実際にどのように見え、聞こえるのか？

他の言語を完全に習得して、その言語を第一言語として話す人たちと同レベルの native《ネイティブ》と

して理解する方法はあるのか……？

わたし自身の経験をさかのぼって考えてみたいと思います。

一九六四年五月四日、二〇歳の誕生日のときのわたしに会って、外国語に堪能かどうかと質問したとしたら、その答えは完全に「ノー」です。大学で二年間ロシア語を勉強してはいましたが、まだ簡単な会話さえおぼつかない状態でした。初等レベルのロシア語の教科書を読むことはできましたが、それも辞書の助けあってのことです。

その他に若干馴染みがあったのはラテン語でしたが、それは高校のころに学んだものでした。そして、もちろん、もう何世紀も使われていないラテン語を話すことができる人間なんてほとんどいませんでした。

でもそれから四年後の一九六八年の五月だったら、ロシア語、ポーランド語、そして日本語を流暢《りゅうちょう》に話すわたしに会うことになったでしょう。みんなに「いやあ、ロジャーは語学の天才だね」と言ってもらえたかもしれません。

はっきりお断りしておきますが、わたしは語学の天才などではありません。絶対に違います。ただ、その三つの「むずかしい」言語を学ぶ方法を見つけたとはいえるでしょう。その方法こそ、外国語だけでなく、自身の言語の「秘密」を明らかにしてくれるものです。

日本語を話すようになってかれこれおよそ四六年になりますが、今では読み書きもできるようになりました（戯曲や小説も日本語で書きました）。そして日本語で夢を見ます。

先だって、日本で育ったバイリンガルの外国人と話をしていたときのことです。別の友人がこう尋ねました。

「いったい君はさっき、何語で話していたんだ？」

一呼吸おいて、わたしはこう答えました。

「さあ、何語だったっけ？」

このように、わたしは何語で話していたのかさえ忘れてしまうことがしばしばあります。

それでも、英語は現在も、そしてこれからもずっと、定義の上ではわたしの第一言語であり続けます。日本語と英語の両方で書かれている標識を見たら、わたしの目はまず英語を追います。これは、文字を認識するときにまずどの言語を優先するかを指示する脳の働きとして、わたしの第一言語が脳のしかるべき場所に刷りこまれていることを無意識に伝えているのです。目は、わたしの脳にウソをつくことはありえません。

しかし、それでも、わたしは完全に日本語を自分の言語のように感じています。めまぐるしく内容が変わっていく会話の最中に、「日本語でなんと言わなければいけないのか」なんて考えることはありません。自ずと言葉が出てきて、ときには英語よりスムーズに言葉になります。

それは、日本語がすでにわたしのアイデンティティの一部になっているからです。日本語が、わたしの第二の本性になっているのです。だれにでも、このようなことが可能です。だれもが、他の言語を第二の自分の本性として話す能力をもっているのです。

しかし、一つ、もしくは複数の言語を完全に習得し始める前に、まず自分自身の第一言語の本質をしっかりと知っておくことが重要です。本書を手に取るほとんどの読者にとって（日本人でない人もわたしの本を読んでいるということだから、それは日本人とは限らないでしょうが）、その言語が日本語なのです。

言葉は民族の道具になるとともに、支配階級の武器にもなっていった

さて、言語は人間の集団のなかで、ある種の暗号として使われるようになりました。こういった暗号は、同じ集団の人間にしかわからないということが重要でした。集団以外のよそ者たちによって、暗号が解読されるようなことになってはまずいからです。戦争中には、「機密」が勝利の鍵になります。逆に「他者」の機密を握れば、「他者」に対して優位に立てることになります。

今まで見てきたように、集団が分化して、また新しい集団が形成されました。驚くほど短い期間に（おそらく数世代も経ないうちに）こうして生まれた新たな集団は、新しい「種族」の基盤になることもあります。そこで新しい「文化」も生まれることになります。そして、自ずと新しい暗号が創られます。この暗号は、「われわれは他の者たちと同じではない。われわれは自分たちの行動やものごとを伝える独自の言葉をもっている。自分たちの言語をもっているからこそ、同じ民族なのだ」ということを示す証《あかし》となります。

この新しい言語によって、民族の始まりをめぐる新しい「神話」が誕生するといえるでしょう。この神話には独自の物語があり、そこには独自の神々が登場します。言葉は、儀式と結びつき、だれにでも覚えやすく理解しやすいように、しばしば歌の文句や呪文の形で唱えられます。人々のあいだの絆を強くするには、歌や詩的な言葉が重要な役割を果たします。

『日本書紀』や『平家物語』などの例を思い浮かべれば、これらの物語が、まさに日本人のアイデンティティを形成する役割を担っていたことがわかるでしょう。だからこそ、日本人として共通のアイデンティティを形成するために、こういった物語が学校で教えられるのです。

全員で歌を歌うこと、特に教会で賛美歌を歌ったり、「国歌」を斉唱する場合を考えてみると、このような行為が自分たちの集団としての一体感を与える意味をもっていることに気づきます。

国や民族を司《つかさど》る為政者や高僧たちは、権力を行使し、それを手中に収めておこうとして言葉を使います。そして、彼らによって語られた話を、民衆は信じるようになります。言葉の力が、そのように誘導するからです。

権力者や高僧たちによって語られる話が真実なのか嘘なのか、民衆がそれを指摘することなどは論外でした。民衆はただ、それを「信じる」ことを教えられます。そして、国家や教会、神々や為政者たちへの忠誠を言葉で示すことで、語られた言葉そのものが神聖なものになります。為政者や高僧たちは、ものごとに名前をつけ、そうやって定義された新しい言語を自分の支配下におきます。この支配力が、権力となります。

つまり、言語はまさに権力そのものなのです。いわば、力としての言語です。

「小説」の誕生が民族のアイデンティティを創り始めた

読み書きができたのは、最初はごくごく限られた権力者たちだけでした。教会や国家は、どちらも同じような権力をもった非常に近い支配組織でしたが、そのエリートたちのみが、読み書きの教育を享受することができたのです。そうやって、権力が守られていきました。

こうして、言語は「権力」になったのです。

印刷機の発明によって、知識の最初の民主化が始まりました。それは同時に支配層、上流階級、高僧たち権力者の既得権益への脅威となりました。言語を通して知識を伝えたり広めたりしていくことが、はるかに容易になったからです。

一般民衆も、宗教書を読むことができるようになりました。自分たちの方法で「真実」を理解するために言語を使えるようになり、情報や意見交換ができるようになりました。

人々は自分たちの民族についての新しい神話を構築し、それを「フィクション」と呼ぶようになります。それまで、物語はもっぱら宗教上の、あるいは道徳上の目的で創り出されたものだったのです。若干の例外があるとすれば、ジョヴァンニ・ボッカチオの『デカメロン』でしょう。これは、一四世紀イタリアの黒死病《ペスト》が大流行した時代に、難を逃れた者たちが語った百の物語が編集されたものです。日本の物語は、もっと前の時代（一一世紀初頭）から始まっていました。紫式部《むらさきしきぶ》の『源氏物語』が「世界最初の長編小説」と呼ばれているゆえんです。英語のnovel《ノベル》(小説)という言葉は、もともとラテン語の「新しい」を意味する言葉からきています。一九世紀初頭のヨーロッパでは、すでに小説は、さまざまな民族の「物語」をその時代に合うように新しく創り直す役割の一端を担っていました。このような流れから、書き記された物語に基づいた「民族文化」が生まれ出てきたのです。すなわち教会が創り上げた「真実の文化」とは別の文化です。

フランスではユゴーやバルザック、ゾラ、ドイツではゲーテ、シラー、ロシアではプーシキンやゴーゴリ、ドストエフスキー、トルストイなど、三つの国だけを挙げてみても、一九世紀を通して、彼らの作品がフランス、ドイツ、ロシアそれぞれの民族文化を形作っていったのがわかります。

一九世紀に書かれたアメリカ合衆国の文学では、アメリカのアイデンティティがどう作られていったかについて、作家たちによってさまざまな議論が展開されました。クーパー、ホーソン、メルヴィル、ホイットマン抜きには、アメリカのアイデンティティは何かを語ることはできないでしょう。それまでは、「アメリカ人である」ということが何を意味するか、それを理解する方法が他になかったのです。

言語はここでも、今度はフィクションという形によって、人間が他の民族から自分を区別する国民性というものを認識し、自分の民族と他の民族の違いをしっかりわかるようにする役割を果たしたのでした。そのような理由から、民族的な特徴は、最初もそれ以降も、まさに言語によって形作られたといえるでしょう。

言語はわたしたちに民族的なアイデンティティを与えるものです。国家にとって、言語はきわめて大切な道具であり、一方で目に見えない武器なのです。

では、日本についてはどうでしょうか?

実際、明治時代当初から、ヨーロッパやアメリカとまったく同じ過程をたどっていったといえます。

江戸時代までの日本は、それぞれに独自の風習や方言、そして現在でも使われている興味深い言葉「お国《くに》自慢」で表現される、固有の文化をもった「クニ」の集合体でした。ところが、一九世紀の半ばあたりになると、日本人のなかから、近代の世界で生き残っていくためには、一つの統合された近代国家を創らなくてはならないと気づく者たちが出てきました。

統一国家となるためには、それぞれの地域で自分の力によって存在してきた「クニ」が、大きな犠牲を強いられることになりました。さらに、単一の国家としての言語、つまり「標準的な日本語」という形で、すべての日本国民の上に立つ、国家権力の象徴となる言語を受け入れなくてはならなくなってしまったのです。

新たな日本という近代国家を創るとするなら、そこには国語としての国家的な言語がなくてはならないでしょう。

明治の政治家たちは、教育と知識を共有させるための道具として、言語こそが新たな国家を形成するための最も強力な手段だとわかっていました。のちに、大日本帝国が台湾や朝鮮、中国や東南アジアの国々に侵略していくときに、日本語を現地の人たちに強制したのは、大英帝国が英語を、フランスがフランス語を植民地化の過程で強要したのと同じです。

言語は、植民地化の武器だったのです。

そして、前述したヨーロッパやアメリカ合衆国と同じように、日本文学もまた、日本国民としての新たなアイデンティティを形成していく過程で、言語と同じ戦略的な役割を果たしました。

二葉亭四迷《ふたばていしめい》、坪内逍遥《つぼうちしょうよう》、森鷗外《もりおうがい》、夏目漱石《なつめそうせき》、正岡子規《まさおかしき》、樋口一葉《ひぐちいちよう》、与謝野晶子《よさのあきこ》、石川啄木《いしかわたくぼく》などの偉大な作家が現れなかったら、近代における「日本人」というアイデンティティはおそらく形成されなかったでしょう。彼らの言葉は、日本民族のアイデンティティの形だけでなく、その内容をもたらしたのです。

わたしたちは、いまだに文学のこのような役割を信じています。ですから、外国人に自分たちの国や民族のことを知ってもらいたいと思ったら、まずは小説や詩を読むように勧めるでしょう。歴史の本以上に、文学が、わたしたちのアイデンティティの秘密を解明してくれると思うからです。言い換えれば、言語は、わたしたち自身のほんとうの姿を明らかにするのです。

このように考えると、民族を一つにまとめるのに、まさに言葉ほど力をもつものはないでしょう。日本人は日本語という共通の言葉をしゃべることによって、隣人や隣の地域に住んでいる人たち、さらに日本の他の地域の人たちと同じ存在なのだということを確信し、それぞれの行動やまわりのものごとに、この同じ言葉を当てはめて表現することを全員が受け入れるようになります。たとえ方言によって別の表現がある場合でも、全員が、多かれ少なかれ、標準語という画一的な日本語の定義や表現方法を受け入れます。

したがって、言語はよい意味で、文学や歌によって人々を一つにつなぐ力になります。よい目的のために、人々がおたがいに助け合うことをうながす力として有効に働きます。

しかし、言語はまた、悪しき目的のために強制的に使われることもあります。

言うまでもなく、共通の言葉や共通の表現は、ときに戦争が始まりでもすれば、嘘で塗り固められたものになっていく可能性をもっています。どんな国でも、実際に戦争を引き起こした指導者たちが、国民に対しては「平和のためだ」と説明してきた歴史がありました。

わたしたちは、言葉によって説得されると心が揺らいでしまい、言いなりになってしまうこともあるでしょう。指導者たちは、そうやって自分たちの思うがままに人を操ることができるようになります。自分たちこそが「よい人間」で「正しく」「公正」で「道徳的」で「善の側に立つ」者であり、「他者」のほうが間違っていて不正で非道徳、つまり「悪い人間」だと、信じこませるようにと……。

わたしが、言語は権力だ、力は言語だと言ったのはこういうことです。

言語は国家というものが作り出す最悪の嘘の器にもなりえるのです。もしわたしたちがいつも権力者の言葉（たいていの場合、それはたとえ話や歌、宣誓、スローガンや決まり文句のような形で語られます）を信じていたら、わたしたちは自由を失う危険を冒すことになるでしょう。

あらゆる言語のあらゆる言葉の意味は、文脈によって決まる

わたしは、優秀な理系の学生が学ぶ東京工業大学で一四年間、また京都産業大学では五年間、京都造形芸術大学では三年間、教鞭をとってきました。そこで教えていたのは、英語、ロシア語、ポーランド語などです。しかし、二二年以上もこのような言語の教師をしながら、わたしは、自分が英語、ロシア語、あるいはポーランド語の会話や読み書きを教えていると思ったことは一度もありません。学生たちに教えたいと思ったのは、「言語とは何か」ということでした。わたしたちはなぜ言葉を使うのか、その言葉を巧みにそして有効に使いこなすことによって何が可能になるのか、です。学生たちがそれをしっかり学ぶことができたら、卒業してからも、自分自身の力で、自分の言語である日本語を使いこなし、それから外国語も習得していけるでしょう。ほんとうの意味での教育というのは、卒業してから始まります。

大学で学ぶべきことは、「何を学ぶか」ではなく、「いかに学ぶか」です。

わたしは、キャンベラにあるオーストラリア国立大学でも八年間日本語を教えました。日本とオーストラリアそれぞれの学生たちに、わたしは何を教えたかったのでしょう？

それは、言葉を使うときに重要となる、「言葉の定義と文脈とは何か」ということでした。

しかし、「定義」という言葉は、実に無味乾燥に聞こえます。

定義というのは、たとえば日本語の「バラ」を英語では「ローズ」と言うとか、日本語の「穴」はロシア語で「ヤマ」と言うとか、そういった狭い意味のことを言っているのではありません（日本語とロシア語では、「ヤマ」と「穴」が反対の意味を示すというのはおもしろい対照ですが）。こういった、それぞれの言語では何をどう言うかというような種類の「定義」を教えるのは、時間の無駄です。そういったことは、辞書を引けばわかることだからです。

言語能力の最たるものは、異なるさまざまな状況で使われる言葉の意味を、その時々に的確に理解できる能力です。

一つ例を挙げてみましょう。

英語の授業で、これまでしばしば実に単純な質問を受けました。

「○○という言葉の日本語での意味は何ですか？」

でも、そのような質問に答えることはできません。なぜなら、その言葉がどういった状況で使われているのか、その状況があって初めてその意味が生じるからです。

「ハロー」という言葉があります。だれもが「こんにちは」という意味だと思うでしょう。でも、こんな場合はどうでしょう。

たとえば、ある女性が、一年以上も会っていない元カレに、道でばったり出くわしたとしましょう。元カレのフレッドがこう言います。

「やあ、久しぶり」

「あら」

「元気かい？」

「ええ、なんとかね」

「ところで、僕が君の誕生日に贈ったブレスレットのこと、覚えてる？」

「ええ。それがどうかしたの？」

「できれば返してもらえればと思って。新しい彼女ができてさ。あれを彼女にあげたいんだ」

「ハ**ロ**ー!?　本気？　あれはあなたがわたしにくれたものよ。わたしのものでしょ、フレッド」

さて、なぜ彼女はこの会話で「ハロー」という言葉を使ったのでしょう？「ハロー」は、明らかに、この会話では「こんにちは」という意味ではありません。言葉の定義（意味）は、言葉が使われている文脈（状況）のなかで初めて有効になるのです。

若い女性が元カレのフレッドに道で出くわして、会話のなかで使った「ハ**ロ**ー」は、どんな意味をもつのでしょう？　そして、そのときの口調はどんなものでしょうか？

まず二つ目の質問に答えるとすれば、口調は、ちょうど右の文字ようなピラミッドの形のようになるでしょう。つまり、「ハ(小)・ロ(特大)・ー(小)」という山形です。「ロ」のところで声のピッチを上げてみると、より感じがわかるでしょう。まさに、この口調と状況によって、「ハロー」という一見単純な言葉に、この場合の定義づけ（特別な意味づけ）がなされるのです。

ここでの「ハロー」は、「勘弁してよ」「本気で言ってるの？」「冗談じゃないわ」などの意味になります。さらに状況によっては、「失礼ね」とか「何言ってんの！」という意味あいになることもあるでしょう。

つまり、ある言葉の意味を尋ねるときに適切な質問は「どんな意味なのか？」ではなく、たった一つ、「この文脈（状況）では、この言葉はどういう意味として使われているのか？」ということになります。

言語や民族の暗号、そして定義としての言語の成り立ちについてわたしが言いたいのは、こういったことです。だから、まずこういった概念を最初に紹介することから始めたのです。

民族の言葉の使い方が、言葉に意味を注入していきました。言葉の意味を決定するのは、まさに言葉の使い方に他なりません。人間は、そうして何世紀にもわたって言葉の使い方を工夫し、その時々の必要に応じて変化させてきたのです。

世代によって、言葉の使い方は大きく変わりえます。あるいはまた地理的な場所、時代、その人の性別、経験や経歴や他の多くの要素によっても大きく異なります。

無宗教といわれる日本人が「神」もしくは「神様」という言葉を使うとき、その意味は、イスラム教やキリスト教でいう神と同じではないでしょう。

前アメリカ合衆国大統領であったジョージ・W・ブッシュは、しばしば「オールマイティ・ゴッド」というフレーズを使いましたが、日本語ではいつも「全能の神」と翻訳されます。しかし、彼の「神」という言葉の使い方は、「わたしが信仰するキリスト教の神が唯一全能であるということを、わたしは信じている」という意味で使っているのです。他の宗教の神より上に、キリスト教の神が存在しているということです。

あなたにとって、神という言葉は何を意味するでしょう？　また、この言葉をどのように使うでしょうか？　たとえば日本人の子どもに、あるいは外国人に、「神様がくれた」という表現を、どのように説明しますか？

英語に翻訳すると、それは「神によって与えられた」とか「神授《しんじゅ》の」というような表現になるでしょう。しかし、この英語はあなたがもともと使っている「神様がくれた」ということを正確に伝えているでしょうか？　日本人にとっての意味あいと、たとえばたいていのアメリカ人にとっての意味あいは、同じではないはずです。

あるいは、日本がアジアへの侵略を続けていた一九四〇年に、日本人は「神様」という言葉をどう使ったでしょうか？　特定の時代と人によって言葉の使われ方は異なり、それが、その時代と人の言葉に固有の意味を与えます。

言葉はもともと中立なものです。そこに固有の意味づけをするのが、人間や時代や社会による言葉の使い方なのです。

このように、言葉について、社会と歴史の文脈で考えてみてほしいと思います。

たとえば「食べ物」とか、「気候」「エネルギー」「繁栄」「健康」「幸福」「人生」「死」といったごく基本的な言葉にも、ある時代から次の時代へと移り変わっていくなかで、あるいはまた別の地方の人や外国人と接することで、新たな意味が加えられていきます。

沖縄の人に、「安全」「防護」とはどういう意味かと質問してみると、おそらく東京の人とは違う答えが返ってくるでしょう。福島の人に、「エネルギー」という言葉に何を感じるかと尋ねてみると、日本の他の地域に暮らす人たちとは異なる解釈や意味で受けとめていることがわかるかもしれません。

「日本語」の定義とは何か

さて、ここで「日本語」という言葉の意味について少し考えてみましょう。

「日本語」を、あなたはどのように定義しますか？　日本人によって話されている、たった一つの言語ということでしょうか？（でも、そうなると、「日本人」とはどういう意味でしょう？）日本で話されているたった一つの言語、ということでしょうか？（でも、日本ではいろいろな言語が話されているし、また、日本語は、日本以外の場所でも使われていることを考えれば、この定義もまた成り立ちません）

もちろん、日本語としての言語学的な特徴を挙げることもできるし、そこから、理論的な定義も導き出せるでしょう。ただ、言語学者ではない日本人が、「日本語」を定義できるでしょうか？　おそらくそのような日本人はほとんどいないだろうとわたしは思います。

日本語がどのように使われているか、使われ方の特徴を挙げることならできるのではないでしょうか？　たとえば……、

「日本語は、その場その場の雰囲気に敏感に反応する言語である」

「公式の場や礼儀正しい表現が求められているとき、たとえば、目上の人や年長者に話しかけるときなどには、敬語が使われる」

「明らかに対立する意見をもつ相手と向き合うときには、不快な感情を避けるために婉曲《えんきょく》なものの言い方をする」

というように。さらにこうも言えるでしょう。

「日本語には、多くの間《ま》や沈黙があり、それは自分を強く主張することを避ける言語だからだ」

「文章のなかでは、しばしば主語が省略される」

「日本語は、間接話法を好む言語である」

日本語をある程度理解して、きちんと話せるようになりたいと思っている外国人に、この日本語の特徴を質問されたら、あなたは、次のような「典型的な」日本語の表現の例を挙げるかもしれません。

「わたくしに言わせていただきますと……」
「言われてみると、そうかもしれません」
「そうではないのではないかと思いますが」
「前向きに考えさせていただきますが……」
「そうですね。それはちょっとむずかしいかもしれません」
「がんばります！」（この文では、主語も目的語も省略されています）

こういった例はたくさんあります。

ここで、もう一度、言語は民族の暗号だということを思い出してください。

ここに挙げた日本語の特徴は、日本語という言語の性質に基づくものでしょうか、それとも国民性に特有のものでしょうか？　あるいは、ある民族の歴史のある時代に、どのように言語が使われていたのか、その使われ方による特徴でしょうか？

今こそ、日本語を新しい目で見ることを提案したいと思います。

新しい目で見ることで、日本語をより深く理解できれば、他の言語もより平易に学ぶことができるようになるはずです。

第一章の冒頭で引用したように、アメリカの偉大な詩人であるエミリー・ディキンソンは、「言葉が輝く」と言っています。たった一つの言葉でも、その光で世界を百の太陽で輝かせることができるのです。そしてその光を頼りに、はるか遠くをもはっきりと見通すことができるようになるのです。そして、きっと、未来をも。

まず、自分の母語を理解してください。そうすれば、他のあらゆる言語がより簡単に理解できるようになるでしょう。

日本語を理解してください。そうすれば、日本人でない人たちと、もっと密接に親しい関係を築いていけるようになるでしょう。そして、あなた自身をより深く理解できるようになるでしょう。

頭と心が「白紙状態」でなければ、言語の習得はできない

ヨーロッパの古典絵画に描かれる物語の源流となったギリシャ・ローマ神話に、神々の代わりにその言葉を語る美しい女性の預言者《よげん》、シビュラが登場してきます。彼女は霊能者です。

シビュラはヨーロッパの多くの画家たちによって描かれてきました。特に有名なのがミケランジェロの作品で、システィーナ礼拝堂のフレスコ画には、彼女の五つの肖像が描かれています。でも、わたしが一番好きなのは、スペインの宮廷画家ベラスケスによって一六四八年に描かれたシビュラです。

ベラスケスのシビュラは、清楚《せいそ》な白のドレスを身にまとった、ごくふつうの女性として描かれています。その髪は、頭巾《ずきん》をかぶった巻き毛でもなく、豊かな流れ髪でもありません。いわゆる古典的な「女神」の肖像ではないのです。唇も、何をか言わんや閉じられてはいません。

スペインの画家ディエゴ・ベラスケス（1599-1660）が1648年に描いたシビュラ

まさに話し出そうとしているかのようです。

わたしがこの絵で特別に関心を引かれるのは、彼女が手に持っている、何かを書き記すときに使うタブレット、薄い石板です。右手の人差指が、その板の上の何かを指しているのですが、そこには何も書かれてはいません。何の文字も記されていないのです。

なぜ、シビュラは何もない空間を指しているのでしょう？

それは、わたしたち人間が知識をいかに獲得するのかを象徴的に示そうとしているからです。この本の場合、それは言語についての知識、自分の母語についての最初の知識と、他者の言語についての知識だといえます。

ベラスケスのシビュラが手のなかに抱えているもの、それが、彼が描こうとした、知識の象徴です。英語では、それを「白紙状態《タブラ・ラサ》」と表現します。語源は「（言葉が）消されたタブレット」という意味のラテン語です。

ところで、わたしはどうやって、四年間で三つもの外国語を学ぶことができたのでしょうか？

それは、「自分の頭とはそこに何かを書きこんでいく白紙状態の石板だ」ということに、あるときはっきり気づいたからです。

わたしは、外国語を習得しようとしたとき、自分自身の母語（英語）を基準にはしませんでした。外国語を聞いたり読んだりしたことを、いったん自分の母語に置き換えながら考えるということもしませんでした。もちろん、学習する過程で自分の母語と外国語を対照させましたが、それはただ言葉の辞書的な意味を明らかにすることが目的でした。わたしにとって、「これが正しい基準である」という言語はなかったのです。

ロシア語やポーランド語、日本語の一つひとつの文字や言葉、語句でさえ、わたしは頭のなかの白紙状態の板に書きつけていきました。言葉を換えれば、わたしが第一言語、つまり英語を学んだときと同じように、外国語を吸収していったのです。

ロシア語あるいはポーランド語、日本語の新しい言葉を学ぶたびに、それを言葉の言い換えとしてではなく、いつもものごとの本質そのものと直接結びつけてとらえたのです。

第一言語を、すでに頭に焼きつけられてしまった標準の言語と思いこんでいるがゆえに、多くの人は自分の頭を白紙状態にできないでいます。これは、それ以上、他の言語を学ぶことができない状態でいるということです。

たしかに、聞き慣れない外国語を聴く耳がないばかりに、外国語を正確に発音できない人たちもいますが、それは「才能」の問題ではありません。外国語を学ぶ才能というなら、そしてまた自身の言語を理解する能力というなら、それはすでに自分自身の概念が書きこまれた石板を、わたしたちがどのように白紙状態に戻せるかにかかっています。

若い世代のほうが年長者より言語を学ぶのが容易なのは、このような理由のためです。「年老いた犬に新しい芸を仕込むことはできない」とか、日本語では「老い木は曲がらぬ」ということわざが示す通り、一般に年齢が低いほど、柔軟にいろいろなものを受け入れることができるからです。そして、他者から何かを学ぼうとするのであれば、その「他者」に自分のほうから向かっていかねばなりません。

もう一つ、若いうちのほうが言語をより速く学べる理由があります。それは、若者のほうがいろいろなことに対する好奇心が旺盛だからです。好奇心こそ、知識を獲得したいという思いを刺激し、すでに質問や答えで一杯になっていたタブレットを空にして新しい知識を招き入れようとします。

わたしの場合、好奇心にかけては言葉に限ったことではありませんでした。ロシア人やポーランド人そのものについてもあらゆることを知りたいと思いました。人がどのように言葉を使っているかだけでなく、なぜそう言うのかということを理解したかったのです。

彼らと一緒のときには、自分を異国人だとは思いませんでした。わたしは彼らと同じように自分のことを考え、彼らの一員になることによって、彼らとまったく同じレベルで話せるようになったのです。

別の言葉でいうと、このときわたしは、自分の第一言語だけでなく、文化的背景についても、自分から「白紙状態」を作ったといえるでしょう。

二三歳のときに日本にやってきたわたしは、再び「白紙状態」になろうとしました。日本に到着した最初の日から、まだ言語も文化もわからないというのに、そしてだれ一人として知人もいない場所にいたというのに、自分が日本人であるように感じました（わたしは、この経験のことを『もし、日本という国がなかったら』（集英社インターナショナル刊）という本に書きました）。それこそが、短期間で日本語を学ぶ秘訣だったのであって、言語の特別な才能があったわけではありません。

わたしは、決して自分の人格や性格を捨てようとは思っていません。単に、また自然に元のわたしに戻るということがわかった上で、しばらくのあいだそれを自分のタブレットから消しただけなのです。第一言語によって創られたわたしたちの自己はもはや否定できないものであり、わたしたちの頭の奥深くにしっかりと焼きこまれ、そこにいつもとどまっているものです。

ベラスケスの描いた美しいシビュラは、何も記されていない石板を指さしていました。それが、彼女の透視力と知恵の源《みなもと》なのです。

この実に単純なしぐさこそ、彼女が「観る」力をもっていることを示しています。

相手が何かを言う前に、何を言うかを理解せよ

新しい言語を学んでいるときに、毎日わたしたちのタブレットに入ってくるのは、聞き慣れない音や、初めての語句ばかりではありません。言葉の順序もまた、慣れ親しんだ第一言語のそれとは異なっていることもあります。他言語を学ぶときのむずかしさの一つは、ここにあるのかもしれません。

第一言語には、それ独自の論理、統語的な体系があります。「統語」という日本語は英語のsyntax《シンタクス》の翻訳語ですが、もともとラテン語とギリシャ語の「秩序をもった順序に並べること」という言葉からきています。統語とは、「言葉を系統立てている論理」といってもいいでしょう。

わたしたちの頭は、意味が通るように言葉を順序立てて並べますが、生まれたときから第一言語として頭に焼きついたこの順序を完全に消し去ることは、なかなかむずかしいことです。

他言語を学びたいと思うなら、その独自の秩序を学ぶために、すでに頭のなかにセットされている、この第一言語の統語の体系をまず消し去る必要があります。しかし、これは決してやさしいことではありません。実際、言葉そのものや意味を消去することより、この言葉を系統立てる論理を消すことのほうがはるかにむずかしいのです。

でも、ここでも好奇心こそが、そして他者を知りたいという願望、他者の一員になりたいと

願うことこそが、それを可能にします。

しかし、だれよりもさまざまな統語的法則に苦しむのが、同時通訳者です。まだ発せられていない他者の言葉を、彼らはいったいどうやって同時に通訳していけるのでしょうか？

答えは、これから発せられるであろう言葉を予知するということです。話し手が何を考えているのかがわかれば、あるいはそのあいだだけでも「彼らになる」ことができれば、同時通訳はより簡単にできるでしょう。

このことを前提に、わたしはどこで教えていても、学生たちに「相手が何か言う前に、何を言うかを理解しなさい」と言い続けてきました。なかには、くすくす笑う者もいました。わたしの好きな日本語を使えば、そんなことなど彼らには「できない相談」に思えたのでしょう。でも、それはできない相談なんかではありません。

文化、歴史、宗教、そしてその言語を話す人たちのさまざまな側面を学べば、彼らがものごとにどう対応するかがわかってくるでしょう。そして、彼らの言動を予測することだってできるかもしれません。「シビュラの才能」、つまり彼らの頭のなかを「見通す」力を獲得できるはずです。そうすれば、他者の言語も、より簡単に話せるようになるでしょう。

これを考えれば、単に「ビジネス英語」、ＴＯＥＦＬやＴＯＥＩＣを勉強すれば英語を理解することになるわけではない、ということも明らかです。言語の真の理解は、その言葉を話す人々の性格を創り上げているものすべての理解にかかっています。

たとえば、ビジネス用の日本語ばかりを勉強した外国人は、日本人を理解したといえるでしょうか？　多面性をもつ日本の文化を知らない外国人は、いつまでたっても流暢な日本語を話せるようにはならないでしょう。

実際、自分自身の第一言語において、わたしたちは人が何を言うだろうかということを、毎日のように予測しているはずです。相手がたった二言三言しか言わないうちに、何を言いたいかわかるという経験は一度や二度ではないでしょう。実際、ほんの少し話を聞いただけで、「何をおっしゃりたいか、わかります」と率直に言うこともあります。そして、他者との関係が密接になればなるほど、相手が何を言いたいのか予測できるようになるはずです。

自分の第一言語の論理を消し去れば、だれでも日本語の習得は可能である

ところで、自分が表現したいことにはっきりと具体的な形を与えるのは、たいてい文章のなかの動詞です。そうやって、自分の主張を前に押し出していきます。

ラテン語やドイツ語、そして日本語といった言語は、しばしば動詞を文章の最後におきます。しかし、他の言語、たとえば英語や中国語は、主語—動詞—目的語の順序で、前のほうに動詞をもってきます。

つまり、日本語と英語は言葉の順序が反対のことが多いのですが、それが通訳者に悪夢をもたらします。仮に「話し手が言わんとするのはこういうことだろう」と予測がついたとしても、

文章が完結するのを待ってから通訳しないといけないのです。

一例を挙げてみましょう。

寝るとき(1)、まわりの騒音(2)が聞こえない(3)ように、こう、耳に入れる(4)、ええと、耳栓(5)というんですか(6)、それを買いたい(7)のですが……。

英語では、言葉の順序はまったく正反対です。

I would like to buy (7), uh, do you call them (6) ear plugs? (5) I mean, that you put in your ears (4) so that you won't hear (3) the noise (2) that's around you when you sleep. (1)

[わたしは買いたい(7) ええと、というんですか(6) 耳栓(5) こう、耳に入れる(4) 聞こえないように(3) 騒音が(2) 寝るときにまわりの(1)]

幸運なことに、わたしたちが同時通訳や逐語通訳に駆り出されることなど、そうたびたびはないでしょう。でもわたしは両方とも経験したことがあります。ポーランドの映画監督、アンジェイ・ワイダのポーランド語と日本語の通訳でしたが、両方ともわたしの第一言語ではないので大変でした。

今まで経験したなかで一番大変だったのは、一九八六年、友人の大江健三郎《おおえけんざぶろう》の二時間半にわたる講演の通訳でした。大江さんはとても早口で、実に多くのむずかしい言葉で話をする人です。そのなかには、どの言語でも理解に苦しむ部分がありました。

講演が終わって、東京の国際交流基金の講演会場から、わたしの妻が三番目の子どもソフィーを産んだ大蔵病院(現国立成育医療センター)までタクシーを飛ばしました。まずわたしを降ろしてから、病院からそう遠くはない成城学園前駅まで大江さんが乗っていきました。

「あなた、なんだかすっかり吸い取られちゃったみたいよ!」

病室に入るなり、その数日前に出産したばかりの妻はそう言いました。

疲労困憊《こんぱい》していたわたしはといえば、すぐにでもベッドに滑りこんで、妻の横で胎児型姿勢をとって眠りたい気分でした。でもそこは赤ちゃんの居場所でしたから、くたびれ果てたパパには、入りこむ余地がありませんでした。


日本語が第一言語でない人にとって、日本語は学ぶにはとてもむずかしい言語だというのはほんとうでしょうか?　おそらく何千万人もの日本人がそう思っているでしょう。

それについては、わたしの答えを次の章で述べることにしたいと思います。

しかし、ぜひ次のことを頭のなかに入れておいてください。

日本語であれ他の言語であれ、世界のすべての人にとって外国語の習得を可能にするのは、生まれついての第一言語の論理を消し去る能力だということです（それさえできれば、ほとんどの外国人が日本語を完璧に習得することは可能です）。

そして、それは言葉の万華鏡のような多様な世界に目を輝かせる子どもに戻る能力でもあるのです。

第二章

日本語は曖昧でもむずかしい言語でもない

日本語は、「世界言語」に最も向いている言語の一つである

前章で、自分の第一言語を理解したり、他の言語を学んだりするための最良の方法は、頭と心を生まれたときのような「白紙状態」に戻すことだと話しました。そこで言いたかったのは、すでに自分の頭に焼きついてしまっている第一言語の概念、そして「母語ではこう言われている」という言葉の固定観念を捨てることができれば、第一言語についてもっと深く知り、そのよさを理解できるようになるということ、そしてまた、他の言語を習得する能力も向上するということです。

日本語は、たしかに非常に特別な言語ですが、現在世界で話されている他の六五〇〇ぐらいの言語についても同じことがいえます。つまり、一つひとつの言語すべてが、膨大な文化的、精神的、歴史的、民族的、民俗的、経験的な豊かさをもっているのです。こういった言語の一つでも二つでもほんとうに学びたいと思うのなら、その驚くような豊かさの奥まで飛びこむ必要があります。

また、言語というものは、言語学的にたがいに関連しあっています。

たとえば、ロシア語と英語は、ともにインド・ヨーロッパ語族の言語です。もっと密接に関係している言語は、イタリア語とスペイン語です。この二つはロマンス語族に属していて、共通の特徴がたくさんあります。

世界には、同じ語源をもつ多くの言葉があります。さらに、関連している言語を話す人たちの思考の背後にある論理は、非常に似通っています。しかし、言語学的に関連していない言語、たとえば英語と日本語では、話者の論理のパターンは、たいてい驚くほど異なっています。

日本語の起源については、多くの学説があります。中央アジアからインド大陸の南端にまでいたる地域という説もあります。たとえばポリネシアで話されている言語などのように、同じ言語系の可能性のある他言語に、文の構造や語彙の類似性が見られるものもあります。しかし、日本語に最も近い言語は何かというと、琉球語とその方言をのぞいては他に見当たりません。

日本語の豊かな特質が、日本語を、文化的歴史的に独特の背景をもった言語へと進化させていったのでしょう。

あらゆる言語は、言語学的な見地から客観的に見なければなりませんが、無数の文化的、民族的、歴史的、宗教的（あるいは精神的）な要素によって、民族が自分たちの言語の使い方を形作っていったということを無視することはできません。

言語の使い方というニワトリと、統語論という卵は、いったいどちらが先なのか？

これは難問ですが、何百年ものあいだ、文化と統語論、そして日常の言語の使い方と言語学的な構造は、たがいに影響しあってきたことは明らかです。この相互作用が、言語の進化をうながしてきたものなのです。

たとえばもともと「男性の召使い」という意味の言葉である「僕《ぼく》」は、やがて、男性の代名詞として、最も一般的な自分の呼称である「ぼく」、あるいはときどき三人称で小さな男の子に「ぼく、いくつなの?」というように使う言葉に転化しました。

「やばい」という言葉も、最近新たな意味を帯びて使われます。そして、「食べられる」を「食べれる」と表現するような「ら抜き」と呼ばれる言葉づかいが一般的になりました。もっとも、NHKはいまだにニュースに出てくる会話の字幕では「ら抜き」にはしていません。画面で実際に人が「ら抜き」で話しているときでさえ、NHKは字幕にちゃんと「ら」を入れて表示しています。しかし、「権威」の主張などおかまいなく、文化と、人が日々どのように言葉を使うかということが、言葉の「使い方」を決定していきます。NHKは、いつかきっと主張を曲げて「ら」を抜かなくてはいけなくなるでしょう。

次では、こういった言語の進化が、言語そのものの使い方にどのように目覚ましい変化をもたらしているのかについて考えてみたいと思います。そこから、日本語がなぜ、だれにでも簡単に理解することができる世界言語に適しているのかということに、話を進めたいと思います。

たとえば現在の英語のように、異なる言語を使う世界中の人々のあいだでコミュニケーション手段として使われる言語を意味する、「リンガ・フランカ」という美しい響きの言葉があります。

そうです。

日本語は、リンガ・フランカに最も向いている言語の一つなのです。

日本語はむずかしいという神話はなぜ生まれたのか？

ほんとうのところ、日本語は非日本人にとって、話すだけならとてもやさしい言語です。もし、日本語は外国人にとってむずかしいのだと誤解しているのなら、あなた自身も他の言語を学ぶのはむずかしいでしょう（他言語を学ぶ第一歩は、第一言語を理解することにあるからです）。

しかし、いったいなぜ、日本語はむずかしいというような神話が生まれたのでしょうか？理由はとても単純明快です。それはある種の国家主義と結びついていたからです。ここでいう国家主義は、軍国主義や戦争に向かう国家主義とは別の意味です。あらゆる社会は、ある程度、自分たちの文化や国民性は独自のものだと信じています。

わたしはアメリカ合衆国で生まれ育ちましたが、ご多聞にもれず、自分の国は単に他とはまったく違うだけでなく、地球上で最も偉大な国家だと信じこんでいました。どの大統領も、演説でそのことを繰り返し強調しています。「合衆国は、人類の歴史のなかで最も偉大な国家である」と。

この決まり文句は、まさに大言壮語《たいげんそうご》そのものではありませんか。「偉大」という言葉を、大統領たちはいったいどういう意味で使っているのでしょうか？　おそらく「最も強力で理想的だ」と言いたいのでしょう。言うまでもなく、これはわたしたちが「狂信的国家主義」と呼ぶものです。そして一九三〇年代、四〇年代の日本も、これを信じていました。

言語は、すでに述べたように、秘密の暗号のようにとらえることもできます。日本語が「むずかしい」としたら、そしてこの言葉のなかには外国人が理解することがむずかしいような深い意味があると考えるなら、そしてこの言葉のなかには外国人が理解することがむずかしいような深い意味があると考えるなら、日本人はずっと神秘のオーラに包まれていることができるでしょう。過去において、日本人の話し方や行動は「不可解」といわれてきました。こういった根拠のない日本人や日本語の「底知れなさ」や「理解しがたい存在」であることを密かに楽しんでいた多くの日本人は、それを否定しませんでした。

しかし、日本人のいくつかの行動が理解しがたいものであったとしても、日本語そのものも理解しがたいものだという理屈にはなりません。すでに述べたように、すべての言語は中立です。それを使う人間が、一見理解がむずかしいように、あるいは曖昧に言葉を使ったりするだけであって、言語そのものは、決まって明確なものなのです。

そうすると、次の疑問はこうなります。「日本語は、日本人の使い方によって、その意味が曖昧になるのだろうか？」

わたしの答えは、ここでも、「絶対にそうではない」です。

ある言語がもつ表現力は、その語彙の数とは関係がない

日本語の語彙は、たとえば英語の語彙とくらべて、「貧弱」でしょうか？

ある言語の語彙の数は、それを使う民族の表現力とはまったく関係がありません。

言語そのものは、もちろん「饒舌《じょうぜつ》」でも「明確に表現することができない」ものでもありません。ある人が饒舌であったり、別のある人が明確にものを言わなかったりというのは、どこの国でもある単なる社会的、個人的な現象であって、言語学的なものではありません。実際にわたしは、明確にものを言う饒舌な日本人を何百人となく知っています。

言語というのは、単なる「媒介」(「道具」あるいは「手段」)にすぎません。いわば、わたしたちが運転する車のようなものです。運転手はときにゆっくり、ときに速く、また、あるときにはぎこちなく、別のときには巧みにハンドルを操ります。車(言語)のほうはあらゆる動きに対応します。すべては運転手にかかっているのです。

日常会話における、明らかに違いがある言葉の数ということでいえば、日本語の語彙はたしかに英語にくらべて非常に少ないといえるでしょう。

しかし、他の言語には見られない、日本語の際立って特徴的で重要なポイントは、日本語の表現力は、異なる言葉によって生み出されるのではなく、同じ言葉の語尾変化によって生まれるという点です。つまり、実際の語彙の数は、「表現が豊かかそうでないか」とは関係がないのです。

英語について書いている学者の多くは、「ある言語がもつ表現力の深さや豊かさは、その語彙の数による」という誤った考えをしています。

事実、英語を第一言語としている人たちは、日常会話のなかで膨大な数の語彙を使っています（もっとくわしく知りたい方は、新潮選書で英語の使い方についてわたしが書いた『ほんとうの英語がわかる』というシリーズをぜひ参照してみてください）。

たとえば、実際にもし英語を第一言語とする一般市民がテレビのレポーターに道で次のようにインタビューされたら、こんなやりとりになるでしょう。

「○○の戦争について、あなたがどう考えているか、お話を聞かせていただけませんか？」

「わかりました。ひどいことで（abhorrent《アブホーレント》）、軽蔑すべき（contemptible《コンテムプティブル》）ことだと思います。おわかりでしょう、胸が悪くなるような（loathsome《ローズサム》）、嫌悪感（odious《オディアス》）をおぼえますよ。ほんとうに忌《い》むべき（despicable《ディスピーカブル》）、ゆゆしきこと（reprehensible《レプリヘンシブル》）です」

さて、この「ごくふつうの」市民が使った右の六つの英語の形容詞は、日本語ではとても難解に思える単語だと思います。もう一度、辞書の「定義」を見てみましょう。

abhorrent … 嫌悪を起こさせる
contemptible … 軽蔑に値する
loathsome … 憎悪すべき
odious … 憎むべき
despicable … 卑しむべき
reprehensible … 批判されるべき、不埒《ふらち》なもし、同じようなテーマで日本人がインタビューを受けたら、自分の感想を述べるのに、はたしてこのようなむずかしそうな表現を使うでしょうか？　おそらく東京工業大学の教授でさえ、このような言葉は使わないでしょう（まあ、一人ぐらいはいるかもしれませんが……）。

つまり、右のような単語は、英語では決して「難解な」言葉ではないのです。

標準的な知的レベルの日本人が、もし同じように戦争についてインタビューされたら、自分の意見をどのように述べるでしょう？　おそらくこんな感じではないでしょうか。

「とんでもないです」「ひどいと思いますね」「許せないわ」

あるいは、自分の意見を、やんわりとこんなふうに言うかもしれません。

「ちょっとひどいんじゃないでしょうか」「よくないことだと思いますけど」

別の言い方をすれば、日本語にも、英語でloathsome《ローズサム》（憎悪すべき）と表現される単語に完璧に対応する言葉があります。

ただ日本人は一般的に、日常会話ではそういった言葉を使わないだけです。だからといって、はたして日本人は戦争に対する確固たる嫌悪感にとぼしい、といえるでしょうか？　あるいは、日本語は英語ほどに表現力が豊かな言語ではない、という結論になるでしょうか？

もちろん、違います。

これは、日本人が一般的にどのように自分の意見を表現するのかという、表現方法の問題だということです。

外国人であるわたしが言うまでもなく、日本社会では、自分の意見を強く主張しすぎたり、過信しているように受け取られるのは、決して望ましいことではありません。自分が確信していることでも、他者に対してはやんわりと意見することが望ましい態度とされます。でも、それは日本語という言語の本質とはまったく関係がありません。

加えて、日本語ではある言葉の語尾を変えたり何かを付け加えたりすることで、繊細な表現のニュアンスを生み出すことができます。これは英語にはない表現形式です。

でも、英語にそのような表現形式がないからといって、英語を話す人たちが、微妙なニュアンスを感じ取る感覚をもちあわせていないという意味でもありません。

言い換えれば、ある言語を他の言語の基準で判断することはできないということです。

それはまた、外国人があなたの国の言葉を話しているのを見て、自分たちの使い方との比較だけでその能力の高低を判断することなどできない、ということでもあります。

たとえば、アメリカ人が日本語で「ちょっとひどいんじゃないでしょうか?」と言うのを想像できるでしょうか?

もし彼らがそういう表現を言えたとしたら、もっと簡単に日本社会に同化していけるでしょう。そして、現代の日本社会でどのように日本語が使われているかをもっとよく理解するかもしれません。たとえば、「これは、非常に嫌悪を起こさせることですよ」といった、日本語ではちょっと違和感のある表現でものを言うより、自分の意見をより自然に日本人に受け入れてもらえるようになるかもしれません。

しかし、言語そのものは表現を載せた車なのです。そして、もし違う民族が日本語を使って、日本人の「典型的な日本語」（それが単一の言語であると仮定して）とは異なる方法で自分たちを表現したとしても、それは「正しい日本語」を話していないということではないのです。

繰り返しますが、言語それ自体は、すべての人類にとって、中立的な表現の媒介（道具あるいは手段）にすぎません。

つまり、老いも若きも、男性も女性も、日本人も非日本人も、おたがいをつなぐ媒介（道具あるいは手段）として、あらゆる方法と巧みなハンドルさばきで、日本語というものを動かしていくことができるということです。

他の言語にくらべ、動詞の変化や時制がきわめてシンプルである

話し言葉のあらゆる要素のうち、動詞こそが、言語という車のアクセルペダルの役割を果たすものです。

たとえば、名詞はものの名前を示します。一つひとつの名詞を覚えていくのは、外国語学習の最も簡単な方法ですね。ものを描写するのは形容詞です。形容詞を覚えるのも、比較的簡単です。しかも、どの言語でも、日常的なコミュニケーションにはそんなに多くの形容詞は必要

ありません。日本語でさえ、会話で使う形容詞は、だいたい以下のもので十分です。
大きい、小さい、たくさんの、すごい、おもしろい、痛い、新しい、古い、キレイな、すばらしい、おいしい、うれしい、ありがたい、悲しい、暑い、寒い……。そう、「かわいい！」を忘れてはいけませんね。

形容詞以外にも、ある程度限られた言葉を使うだけで、日常生活では十分に自分が言いたいことを表現していけます（わたしが会った人のなかには、今挙げた言葉だけでちゃんと暮らしている人がほんとうにいます）。

しかし、動詞については、わたしが今まで関わってきたどの言語も、覚えるだけで大変な問題を抱えています。

特に英語は、動詞の変化という点ではまさに例外だらけです。

ring《リング》（鳴る）の過去形は rang《ラング》 なのに、bring《ブリング》（持ってくる）の過去形は brought《ブロート》 です。teach《ティーチ》（教える）の過去形は taught《トート》 ですが、reach《リーチ》（到達する）の過去形は reached《リーチド》 です。同様に、take《テイク》/took《トウック》 に対して make《メイク》/made《メイド》, go《ゴー》/went《ウェント》, am《アム》/was《ワズ》, understand《アンダースタンド》/understood《アンダーストウッド》……。

「わたしは第一言語で英語を覚えることができてほんとうによかった！」と思うほど、変化が多様で不規則です。

ロシア語とポーランド語の動詞にいたっては、外国人が扱うには一筋縄ではいきません。

動詞はすべて主語に連動して変化します。日本語の「わたしは食べる」や「あなたは食べる」

などの文章は、ロシア語あるいはポーランド語では、その動詞「食べる」の語尾が、主語が一人称、二人称、三人称、そしてそれらが単数か複数かでそれぞれ異なります。しかも、動詞が過去形で使われるときには、女性と男性でも（またロシア語とポーランド語では「中性」という概念があり、その中性でも）その語尾が異なってくるのです。

参考までに、（世界で比較的に複雑な言語の一つといわれる）ロシア語の例をお見せしましょう。

わたしは食べる…Я《ヤー》 ем.《イエム》／君は食べる…Ты《テュイ》 ешь.《イエシ》／わたしたちは食べる…Мы《ムゥイ》 едим.《イエディム》
あなた（たち）は食べる…Вы《ヴィ》 едите.《イエディーチェ》／彼は食べる…Он《オン》 ест.《イエスト》／彼らは食べる…Они《アニ》 едят.《イエデャート》
わたし（男性）は食べた…Я《ヤー》 съел.《スイエル》／わたし（女性）は食べた…Я《ヤー》 съела.《スイエラ》／（何か中性もの）は食べた…Оно《アノ》 съело.《スイエロ》

また、ロシア語もポーランド語も、いわば「動きの動詞」とでもいうべきものがあります。たとえば「行く」「来る」にしても、歩いているのか、それともバスか車か列車に乗っているのかによってまったく違う動詞を使うのです。さらに複雑なことに、たとえば「行く」「来る」の頻度でも使う動詞が異なってきます。

でも日本語であれば、「よく行く」とか「行ったりする」とか「よく行ったものです」というように、きわめて簡単にその頻度を表現することができます。

日本語の動詞の規則は、多かれ少なかれ、だいたいの型が決まっていて、非常に単純だといえるでしょう。しかも、「食べる」という動詞であれば、「食べない」「食べられない」「食べたい」「食べにくい」など、その語尾を変えるだけで、いろいろな意味に使うことができます。同様に、動詞の語尾を変化させるだけで、「食べやすい」「食べにくい」などのように、簡単に形容詞を作り出すことができ、さらにそれに、「食べやすくない」「食べにくくない」など、否定の意味の形容詞にすることもできます。

動詞の過去形も、「食べた」「食べたかった」「食べられた」など、基本的に最後に「た」をつければいいだけです。英語はもちろん、先ほど示したロシア語のようなヨーロッパの言語の多くに見られる、きわめて複雑な語尾変化などまったくありません。

ああ、日本語の動詞は、他の言語にくらべ、なんと簡単で便利な変化なのでしょう！

また、外国人には、日本語の「時制」も少しもむずかしいものではありません。「行きました」「行く」そして「行くでしょう」など、過去形、現在形、未来形を作る規則がはっきりしているからです。行くよりも前のことは「行く前に」と言えばいいし、あとのことは「行ったあと」とそのまま表現すればいいのです。

しかし、英語ではかなり複雑です（カッコ内の日本語は直訳です）。

I studied Spanish before I went to Mexico.（わたしは、メキシコに行った前にスペイン語

を勉強しました）

After I go to Thailand I'm going to study Thai.（タイに行くあとに、わたしはタイ語を勉強するつもりです）

英語の場合はこのように、went（行った）という過去形の前に before（前）を、go（行く）という現在形の前に after（後）を付け加えなければならないのです（※ただ、Before I go to Mexico I am going to study Spanish. とか After I went to Thailand I studied Thai. というように、日本語と同じ文法的規則を使う場合もあります）。

ここでは言及しませんが、仮定法などもまた、英語にくらべて日本語のほうが、ずっと基本的で規則的だといえます。

つまり、日本語の動詞は、日本語を第一言語としない人間にとっては、きわめて覚えやすいのです。

わたしの知る限り、日本語こそが最も学びやすい言語の一つだと思う理由の一つと断言します。

日本語は語彙が少なくてもニュアンスに富んだ表現ができる

日本語の動詞と英語の動詞をもう少しくわしくくらべてみましょう。そうすれば、日本語のような少ない語彙の言語であっても、表現のニュアンスや複雑さを問題なく見事に発揮できることがわかります。

次のような質問を考えてみましょう。

「先週、恵美子さんは結婚したけれど、あなたもいつか結婚しますか?」

英語では、Emiko got married last week. Will you get married too someday? です。

この質問に対する日本語の答えは、おそらく次のようなものでしょう。

1 「する(します)」
2 「するよ」
3 「するんじゃないかな」
4 「するでしょう」
5 「するかも」
6 「するする」
7 「するつもりだけど……」
8 「しないわけないじゃん!」

八つの例を挙げましたが、今度は、英語でそれぞれに対応する答えを挙げてみます(読む前に、ちょっとご自身でも考えてみてください。わたしの答えが唯一のものではありません。みなさんが思いついた別の答えもまた、正しいかもしれません)。

1 I will.

2 I'm going to!

3 Why wouldn't I?

4 I'll probably do it.

5 I might.

6 You bet.

7 I plan to but ...

8 Whadda ya think?!

少々解説すると、6の You bet. という答えは、質問者の「結婚する？」という質問を強く肯定した言い方です。

また7の I plan to but... は、「する」という意味に加えて、日本語の「けど」というニュアンスを付け加えています（結婚するかどうかという結論は断定せずに終わっています）。

さらに、8の Whadda ya think?! は、What do you think? の口語体で、「もちろん。その他の可能性なんてありえない」という意味です。

日本語では、すべての答えに「する」というたった一つの動詞が使われていますが、英語ではこのように、さまざまな意味やニュアンスを伝えるために、まったく異なった言葉が必要になってくるのです。

この例を見て、ほぼまったく同じニュアンスを表現する言語として、他の言語の人々が外国語として勉強するにはどちらのほうがむずかしいと思うでしょうか？

英語で同じニュアンスを表現するには、日本語にくらべ、膨大な語彙からの選択が必要です。でも日本語は、同じ一つの動詞の語尾の変化だけですんでしまいます。しかも、語尾を変化させる法則は、あらゆる人々にとって決してむずかしいということはないでしょう。

ああ、日本人がこのように少ない語彙で自分の微妙な思いを的確に表現しているいっぽうで、他の言語では、同じニュアンスを表現するために、むずかしい言葉や字句を覚えなければならない人たちが大勢いるのです。

つまり、日本語という「車」は、世界中のだれにとっても非常に運転しやすい言語だといえます。その車には、日本語の動詞という、とてもスムーズで話し手の指示に規則的に対応する、信頼すべきアクセルがついているのです。

曖昧に見える日本語の表現には明確な意味がある

四六年間、日本人や日本語、文化と関わってきたなかで、「日本人の気持ちは外国人にはわからない」と、何度聞かされてきたことでしょう。さらに、そういう人のほとんどが、その理由を日本語が曖昧な言語だという「思い込みの事実」のせいにしています。

しかし、これまで述べてきたように、言語そのものは決して曖昧なものではありません。すべての言語は中立なのです。

日本語は曖昧だと主張する人たちは、「日本人の行動はしばしばはっきりせず、わかりにくい」、そして「日本人は自分が感じていることや願っていることについて、とてもぼんやりとした言い方でしか表現しない」と言いたいのだと思います。もちろん日本では、自己主張が強いのは美徳とみなされていないので、自分を消去することが徳だと思っているのは明らかな事実です。

日本人は、表面的には、できるだけものごとの成りゆきにまかせて行動する傾向があるように思います。そうすることで、調和や人間関係を乱さないように配慮します。そのために、日本をよく知らない外国人から見ると、あえて明言を避けた態度のように思えるのでしょう。

たしかに、なかには、煙《けむ》に巻いたり、わざと曖昧な言葉を使ったりする日本人もいるかもしれません(たとえば特に政治家は、真実を隠すことが仕事です)。しかし、日本人の多くが自分の意見を控えめに言うのは、真実を隠すためではなく、全体の合意と同意に向かう雰囲気を作るためなのです。

このことを象徴的に表すのが、「和」という一文字の漢字でしょう。「輪」も同じく「わ」と発音されますが、わたしはこの二つを同じ言葉として考えています。まるでわたしたちみんなが手をつないでいるように、人々の輪のなかには調和があるからです。

日本人はよく外国人から、「何かしゃべるときに曖昧に表現する」とか、「ほんとうは何が言いたいのかを理解しにくい」と言われます。でも実は、日本人は自分たちのその曖昧な表現や会話や行動の背後にある意味を、ほぼ完全に理解しています。この「曖昧さ」が何を意味しているのか、おたがいにわかっているのです。

ということは、この曖昧さは、曖昧などではなくて、実はとてもはっきりと明確に理解できるものだということになります。

知識の背景も文化的背景もまったくわからない外国人にとっては、もちろん、この種の表現や行動は曖昧にしか見えないでしょう。

もし、アメリカ人がよくやるように、だれかの背中を手のひらで叩いている光景を見たことがなければ、あなたはそれを、他人を否定する行為だと思うかもしれません。日本人がだれかの頭をピシャリとやったら、「お前さんはなんてバカなんだ」ということをなかば冗談めかして表現しているわけですが、わたしが日本に来る前には、このような光景に出くわしたことがありませんでした。つまり、その意味がわかっていなかったのです。でも、それはわたしにとって意味がわからなかっただけで、これが曖昧な身振りだとはいえません。

言葉を換えれば、すべての言語は「感情文化」をそのなかに包みこんでいる、ということです。言葉や身振り手振りはすべて社会的な文脈（状況）のなかで意味をもちます。それは「ハロー」という言葉の意味について説明したことと同じです。

外国人に、ある二人の日本人同士の会話が理解できないからといって、その会話が曖昧なわけではありません。実際、日本人は、会話のなかで（あるいは言葉にされていないことを通して）暗示されている内容をおたがいに理解しているのです。

つまりこの場合でも、曖昧の定義とは正反対であることがわかります。

日本語の曖昧な表現は、自己主張による衝突を和らげる芸術である

日本人同士の会話では、自分の意見や主張をやわらかく伝える技術として、一見曖昧な表現を使うのは、ごくあたりまえのことです。「日本語は曖昧である」という神話は、そこからも生まれていったに違いありません。そんな会話の例を見てみましょう。

ここしばらく会っていない二人の友人の会話です。


「ああ、マサ、久しぶり！」

「そうだね。元気？」

「まあ、なんとか」


次は、会社員が、上司のところに行って交わした会話です。


「課長、ええと、ちょっといいですか？」

「え、何だい」

「あのう、つまり、その、今やっているプロジェクトからおろさせていただきたいんですけど……」

「そうか。いや、でも、それはちょっとむずかしいな」

もう一つ別の「曖昧な」会話の例を。大学教授が、何年も会っていなかった教え子に会うという状況です。

「先生、渡辺です。覚えていらっしゃいますか？」
「ああ、覚えてるよ。ぼくの授業で二回もスベったのは、君だけだったからな」
「たしかに。でも先生、今は、従業員が五〇〇人もいる会社をもっています、一応」
「えっ？　すごいね。わたしも今度いよいよ定年退職だ。よかったら、コーヒーでもどうだい、渡辺君！」

最初の会話に登場するマサの友人は、「まあ、なんとか」と言っていますが、それを字句通り他の言語に翻訳したとしても、意味はあまりはっきりしないでしょう。でも、それはおそらくこの日本語の婉曲的な表現でも明らかです。つまり、「元気ですよ、ちゃんとやってます」という意味ですね。

二つ目の会話で、上司は「だめだ」とははっきり言わず、「むずかしい」という表現を使っています。でも、それは「ノー」の意味です。わたしなら、英語でIt's not on. と訳します。これは、「それは現実的ではない、実現可能性は低い、無理だ」という意味です。

渡辺君と恩師の教授との会話ですが、教授は、明らかに教え子の現在の地位になみなみならぬ関心を抱いています。ひょっとしたら、定年後は渡辺君の紹介で仕事をもらえるかもしれないと。「よかったら」という丁寧な表現は、英語では if you'd like もしくは if it's all right になるでしょう。渡辺君のほうは、「一応」という、謙遜する表現を使っています。彼は、教授の授業で失敗したことが、現在の会社の成功につながっている、というような誤解を与えたくない思いが働いているのでしょう。まあ、その可能性はあるかもしれませんが。

日本には、曖昧に見える振る舞いや表現の例はたくさんあります。しかし、日本社会の慣習や礼儀、日本語のニュアンスなどに慣れ親しんでいる日本語の母語話者《ネイティブ・スピーカー》には、そこに「曖味さ」などないのです。

実際、日本人は一般的に「曖昧さ」のない、比較的理解しやすい国民であると思います。

ある単語が多義的な意味をもつから「曖昧さ」が生まれるわけではない

他にも、日本人が使う表現で、日本のことをそれほど理解できていない非日本人の誤解を招く表現の形式があります。それは後述するように、一つの単語でありながら、非常に多くの意味をもった言葉、つまり「多義的な」言葉を使った表現ですが、これも、決して日本語そのものが曖昧だということではありません。意味はすべて、その表現が使われる社会的な文脈によって明確に決まるからです。

日本人は曖昧な言動を見せるかもしれませんが、それは、その社会的な行動、たとえば謙遜的で、礼儀正しい、遠慮深い行動から生まれるものです。

しかし、こういった要素も、一見曖昧なようで、もともとは明確な表現なのです。

たとえば、「なんとなく」「ちょっと」「あんまり」「なかなか」「どうも」「どうだろう」「まあね」「苦手」とか、「(〜して)もらう」といった言い方は、状況によっては、どんな意味にもとれて表面的にはとても曖昧な表現に見えます。

というのも、こういった言葉は多義的な意味をもっているからですが、言葉それ自体が曖昧なわけではありません。繰り返しますが、言葉がどんな意味をもつかは、それが使われる状況によるのです。そして、それは日本語に限らず、すべての言語に見られる現象です。

何年か前、わたしは自分の著作の一冊を送ってあった友人の大学教授と、ばったりコーヒー店で会いました。しばらくして、ついにしびれを切らして、わたしは尋ねました。

「先日お送りした本ですが、あの、目を通していただけましたでしょうか?」

「ええ」

「あ、そうですか」

「はい」

「ちょっと聞いてよろしいでしょうか?」

「ええ」

「つまり、ご感想を……」

「ロジャーさんの本ですか」

「はい」

「ああ、なかなか……」

そこで彼は言葉を切りました。わたしは、彼が何かうれしいことを言ってくれようとしているのだと期待しました。「なかなかおもしろかった」とか、もっとよい言葉、たとえば「なかなかすばらしかったじゃないですか」とか……。ところが、彼が言ったのは、たった一言、「なかなか」だけだったのです。

わたしは、のちに、それが控えめな敬意の表現であることを知りました。でもそのときには、それが何を意味しているのか、皆目見当もつかなかったのです。「なかなか」という言葉の使われ方を理解できていなかったために、とても曖昧に思ったのでした。

もともと多義的な意味やニュアンスがあるからといって、その言葉が曖昧なわけではありません。

ほとんどの言葉は、それが使われている文脈にそって、意味を託しているということなのです。言葉の多義性は、どの言語にも広く見られるものです。もしそれが言語を曖昧にしている理由だというなら、世界のすべての言語が曖昧だということになります。

「苦手」という日本語はどうでしょう。

「すみません。タバコは苦手なんですが……」

もし、タバコが嫌いな人が、相手にこう言ったとしたら、日本人スモーカーのほとんどは申し訳なさそうな顔をしてライターをポケットに戻すでしょう。

この場合、英語圏の人なら、Please don't smoke.（タバコは吸わないでください）と言うでしょう。

しかし、日本人の多くは、相手の行動を直接制止したり否定したりする表現より、前述の「苦手」の使い方のように、あえて自分の弱みを相手に示して受け入れてもらえるような表現をするでしょう。

もし英語で、「タバコは苦手」にあたる I cannot take cigarette smoke.（わたしはタバコの煙はだめなんです）のようなことを言ったら、かえって相手が不快な気持ちになるでしょう。いや、もしかすると怒り出すかもしれません。日本語とまったく逆なんですね。

ご存じのように、「苦手」は本来、「〜が得意ではない」という意味で、何かに対するその人の短所や弱点を指しています。しかし、社会的な文脈で使われる意味は、「あなたに何かをしてほしくない」、あるいは、自分自身を前面に出さずに、何かが「好きではない」「不快である」という気持ちを礼儀正しく伝えようとしている言葉だといえます。

日本人はこのように、相手に向かって直接的に「何かが悪い」とか「適切でない」という言い方はせず、「非は自分のほうにある」というような婉曲的な表現を好んで使います。しかし、これもまた、「苦手」という言葉自体が曖昧なわけではありません。

日本人がこういった表現を頻繁に用いるのは、人との衝突を避けることが日本社会の大きな特徴だからだと思います。相手に非があることが明らかな場合でも、たいていの日本人は、欧米人のように言葉で議論しようとはせず、単に頬笑みを浮かべ、ほんの少しの言葉を残して歩み去っていきます。外国人から見れば、これもまた曖昧な行動と解釈されるかもしれませんが、議論にまで発展しかねない衝突を避けるための、実に「明確な行動」といえます。

日本語の本質は、日本人の態度とは関係がない

日本人は、一般的に、独断的な態度や物言い、あるいは自分の信念に執着しているように見られることを嫌います。一般の人々がテレビで意見を述べるときなど、「○○しなさい」ではなく、「○○してもらいたい」というような間接的、婉曲的な表現一辺倒です。

外国語に字句通り訳せば、話し手の信念はそれほど固いわけではなく、確信をもてないでいると思われてしまうでしょう。つまり、他人に何かをへりくだって「お願い」しているのだと解釈されてしまいます。

他の国の人々は、たいていみな次のようにもっと強引です。

「政府はこれについて何かしらの対応をすべきだ！」

「校長は、ただちに学校の方針を変えなければならない！」

日本人がこういったことを公共の場で同じような口調で言ったとすると、初めは同意見だった多くの人からも逆に大きな反感を買うことになってしまうかもしれません。日本人の目に、外国人がしばしば自己主張のとても激しい人間だと映るのは、こういった理由のためです。

たとえば、もしわたしがオーストラリアのテレビでインタビューを受け、英語でこう言ったとしましょう。

「このことについて、政府に何かしらの対応をしていただきたいと思います」

あるいは、

「校長のほうで学校の方針を変えてくだされぱいいのでは、と思いますが」

こんな日本人のような言い方をしたら、わたしは、他の人から、何かをたくらんでいるんじゃないかとか、不誠実だとそしりを受けることになるかもしれません。

日本人は、外国でははっきりと正直に自分の意見を言うことが大切だという理由はここにあります。単に頭のなかにある日本語を「直訳」するだけだと、相手の外国人には不誠実だと思われてしまう結果になる恐れがあります。

日本人の多くは、話の途中に「間《ま》」をおきます。それによって、話し手は思慮深い人間に違いないというような印象を話し相手に与えるかもしれません。あるいは逆に、言おうとしていることに自信がないのかもしれないという印象を与える可能性があります。

強すぎる自己主張を避けるのをよしとする日本の文化では、自分が言おうとしていることに自信がもてなくても、それは必ずしも間違いではないと見なされます。

しかし、会話のなかに「間」をおくことは、日本語という言語そのものの特徴ではありません。むしろ、それは日本の社会的な習慣であり、実際、そうすることが重要でもあります。

さて、日本人による日本語の使われ方のなかには、多くの婉曲表現があります。まさに「急がば回れ」ということわざが示すコミュニケーションの方法です。

躊躇《ちゅうちょ》、用心深さ、相手の目を見ないで話すこと、静かな遠慮深さ……。こういったものは、日本語という言語自体の本質ではなく、すべて日本人の多くがもっている特徴だといえます。

つまり、日本語に対するさまざまな誤解を解くには、日本語という言葉の本質と、日本の社会的慣習から来る日本人の表現方法（態度）とを、はっきりと分けて考えなければなりません。

しかし、他のどの国よりも日本ではるかに長く暮らしたために、わたしは日本人のようになってきたと思っています。そして、他のどの国よりも、生まれ育ったアメリカよりも、現在市民権のあるオーストラリアよりも、日本こそが完璧にくつろげる居場所だと感じます。

そんなわけで、「なぜ日本が好きなのですか？」と尋ねられるたびに、わたしはなぜかこんなふうに答えてしまいます。

「まあ、なんとなく……」

第三章

日本語——驚くべき柔軟性をもった世界にもまれな言語

日本語は「かな」を足すだけで、別のニュアンスを加えられる

日本語は、言語学の専門用語で、「膠着《こうちゃく》性」をもった言語だといわれます。

この「膠着性」というむずかしそうな言葉は、もともとラテン語を語源とした英語、agglutinative《アグルーティネイティブ》を日本語訳したものですが、この英単語の成り立ちを見てみると、glue《グルー》＝「くっつける、糊《のり》」という意味の言葉があることから、「何かにくっつく、一緒になる」というニュアンスを連想できるでしょう。

つまり、「日本語は膠着性をもった言語である」とは、具体的には、ある言葉の前、真ん中、後ろに新たな別のかなを「くっつける」ことで、その言葉の意味を実に簡単に変えることができる言語であるということです。

ここに、英語などには見られない、日本語の驚くべき柔軟性の本質があります。

たとえば、ある「かな」を前に加えてできる言葉の例に、「**真っ**先」や「**くっ**つく」という言葉があります。

「かな」を単語の真ん中に入れる例では、「見る」や「とめる／とまる」に加えてできる、「見**られる**」「とめ**られ**る」という言葉があります。

後ろに加える例は、「起こる」にくっつけて「起こ**りうる**」や、「白い」から「白**っぽい**」などがあります。

このように、日本語は、基本的な元の言葉に、ある「かな」を「くっつける」（膠着させる）ことで、元の言葉の意味を変えたり、そこに別の意味やニュアンスをにじませたりすることができる言語なのです。

柔軟性のある日本語は他言語ほどの語彙を必要としない

「おる（いる）」という言葉（動詞）があります。

より丁寧な表現としては「おります」を使いますが、これはまた「降ります」という別の意味にもとれます。満員電車に乗っていて、いざ目的の駅で降りようとしたとき、前に立っている人がいれば、おそらく「すみません、おります！」と声をかけるでしょう。この状況では、だれも「すみません、わたしはここに存在します！」という意味にとる人はいません。

こういった例は、日本語の母語話者《ネイティブ・スピーカー》には言わずもがなのことですが、あえて指摘しておきたいのは、このような日本語の表現は、言葉として曖昧なものではないということです。一見曖昧に思えるとしても、文脈のなかで言葉の意味が完全に明確になるからです。

問題は、日本人でない人が、こういった状況に日本に来て初めて出くわして当惑することです。しかし、彼らに曖昧に思えるからといって、日本語そのものが曖昧だとはいえないのです。

「ただ今、渡邊はおりません」という場合の元の表現である「おらん」は、「おる」という謙譲語を変化させたものですが、これは、もともとへりくだった会話表現ではありません。「あいつはおらんから、帰っておくれ」というように、むしろ乱暴な表現として使うこともあります（逆に、「今、かみさんはおらんな」には、親近感が感じられますが）。

この「おる」のように、とても短くささいな言葉なのに、「くっつける」糊をちょっと使うだけで、元の単語の意味や状態を驚くほど見事に変化させることができます。これは、日本語という言語そのものに備わったすばらしい柔軟性によって可能になっているのです。

語尾を変化させるだけで変幻自在な、日本語のこの種の柔軟性は、英語のような言語とくらべると実に驚くべきものです。

「おる」という動詞は、さらに「られ」を真ん中に入れて、可能性をふくんだ意味の「お**られ**る」という言葉にすれば、「恐れ入りますが、岩淵先生はおられますでしょうか」という尊敬にさえ変化させることができます。

こういった柔軟性は、日本語が膠着性言語であるからこそ可能になります。

「言う」という動詞に「くっつける」作用を応用してみると、さらに複雑なことが起きます。「言われる」や「言わない」だけでなく、他の動詞とくっついて、「言い合う」「言い出す」「言いふらす」「言い放つ」「言い返す」「言いかける」「言い回す」「言い残す」「言い抜ける」「言い落とす」「言い捨てる」「言いつける」「言い渡す」、そして「言い寄る」など、意味が異なるおびただしい数の言葉が生まれます。

しかし英語では、この日本語の例と同じように意味を変化させるためには、まったく異なる言葉を一つひとつ使う必要があります。そして仮に言葉を足す場合でも、その厳しい語順の制限のなかでやらなければなりません。

このようなことを見てくると、日本語の本質について、実に重要なことが見えてきます。日本語の語彙を形作っている構造は、たとえば英語の場合とはまったく異なっているということです。

日本語には、世界共通語となっている英語ほどに、異なる語彙がそれほどたくさん必要ではないのです。なぜなら、驚くばかりの柔軟性で、もともと一つの言葉からのバリエーションで、別のまったく新しい意味の言葉がどんどん自在に作られていくからです。

さらに日本語の場合、右のようにして作られた「言い出す」「言い回す」、そして「言い残す」という新しい表現の意味を推測することは、非日本人にとってもさほどむずかしくはありません。

しかし、英語の場合は、たくさんの語彙をもっていないと、これらの多様な日本語に対応する表現を見つけることが非常にむずかしいのです。英語を習得するときの難しさの半分は、まさにこの語彙の獲得にあります。

日本語では、その語彙を覚えることより、むしろ日本語の本質である言葉自体の柔軟性を理解し、応用することのほうがはるかに重要なのです。

さらに、日本語という言語がもつこの驚くべき柔軟性こそが、日本語の豊かな表現をも生み出します。

ちょっと前の世代の人は、息子が故郷の父親に送るお決まりの無心の電文のことを覚えておられるでしょう。

「カネオクレタノム」（金送れ頼む）

しかし、電報はカタカナ表記ですから、こんなふうにも解釈できてしまいますね。

「金遅れた飲む」

日本語は、なんと単純に、また究極の柔軟性によって言葉の意味や微妙なニュアンスを変えられる豊かな可能性をもっているのでしょう！

日本語の名詞は、「てにをは」を使うだけでどんな格にもなれる

日本語の五十音の文字すべてで、しかも一度しか使わずに詩を作るのは、想像を絶するほどむずかしいことでしょう。しかし、なんと日本語は、すでに一〇世紀後半～一一世紀ごろの昔に実際にそれをやりとげてしまいました。

そして、この「いろは歌」は、次のような美しい詩になりました。日本語の柔軟性についていうなら、まさにこの詩こそ、その真骨頂を示すものといえるでしょう。

色《いろ》は匂《にほ》へど　散《ち》りぬるを

我《わ》が《か》世《よ》たれぞ《そ》　常《つね》ならむ
有為《うゐ》の奥山《おくやま》　今日《けふ》越《こ》えて
浅《あさ》き夢見《ゆめみ》じ《し》　酔《ゑ》ひもせず《す》

膠着性言語である日本語は、単語を自在に入れ替えることができるとても柔軟な言語であると言いましたが、それは「てにをは」の四つの文字のおかげでもあります。このたった四語を使うだけで、ある単語が主語になったり目的語になったりと、文章のなかでの言葉の役割(格)を簡単に変えることができるからです。

宮沢賢治《みやざわけんじ》の詩から二行引用して、このことを見てみましょう。愛する妹トシの死について書いた三つの詩のなかの一つ「松の針」からの一文です。

わたくしは日のてるとこでたのしくはたらいたり
ほかのひとのことをかんがへ《かんがえ》ながら森をあるいてゐた《いた》

ちょっと書き言葉に関してのことになりますが、賢治はよく詩のなかで、非常に多くのひらがなを好んで使います。この二行にしても、漢字はたった二つだけです。「日」と「森」、この二つだけを漢字にすることで、賢治はその言葉と意味を際立たせているのです。

しかし、よくいわれるように、ひらがなが多いことが、逆に、賢治の詩を読むのをむずかしくしているかもしれません。わたしたちは、同じ音の言葉の意味を、たいてい漢字を手がかりにして理解しているからです。

もちろん漢字そのものも、二つ以上の意味があることもあります。「日」はこの詩のなかでは太陽で、「一日」の意味ではありません。それは次に続く「てる(照る)」という動詞でわかります。ここでも、文脈が、言葉に正確な意味を与えています。

しかし、この賢治の詩二行は、「てにをは」に注目すれば、意味が簡単にわかります。

全体の文の主語は、もちろん「は」によって示された「わたくし」ですね。そして、場所や状況は「で」で設定されています。二つの「を」は、賢治が考えていること（「ほかのひと」、ここでは妹です）と、彼が歩きまわっている場所を伝えています。

しかし、日本語の「てにをは」に似た役目をする英語の前置詞、in, on, at, by, withなどは、他の言語をしゃべる外国人にはなかなか難物です。

「バスに乗っています」（I'm on the bus.）というときには on を使うのに、「車に乗っています」（I'm in the car.）では in です。もし on をここで使うと、I'm on the car. になりますが、これでは、車の屋根（あるいは、別の部分）の上に乗っかっている、という意味になってしまうのです。

同じように、前置詞の使い方のむずかしさは、ロシア語やポーランド語にもあります。たとえば目的格の扱いにしても、日本語の簡潔さにくらべ、ロシア語では次のように信じられないほど複雑です。

わたし… я《ヤー》／わたし**は**… я《ヤー》／わたし**を**… меня《ミニャー》／わたし**に**… мне《ムニェ》／

わたし**と**… мной《ムノイ》／わたし**において**… мне《ムニェ》

日本語では、主語であろうと目的語であろうと、「わたし」という単語自体にはまったく変化がありません。しかし、それをロシア語で表現するとなると、ご覧のように、すべての形がまったく変わってしまうのです（「わたし」という単語に限らず、他のすべての名詞が同じように複雑に変化します）。

また、英語では、一にも二にも、語順が文章のなかの言葉の役割（格）を決定します。たとえば、

I love you.

「わたしはあなたを愛しています」と言いたいなら、絶対にこの順番でないと意味が変わってしまいます。そうでないと、いったいだれがだれを愛しているのか、意味がわからなくなるのです。

おそろしく広大で美しい日本語のオノマトペの世界

石川啄木は、強烈な社会的意識をもった詩人でした。ヨーロッパにも、彼のような詩人はい

ますが、日本では、彼ほど社会的な活動とその著作活動が結びついた作家はなかなかいないでしょう。彼の最も有名な短歌に、次のようなものがあります。

はたらけど　はたらけど猶《なお》わが生活《くらし》楽にならざり　ぢつと《じっと》手を見る

啄木はまず、「はたらく」という動詞の繰り返しによって、自分の伝えたいことを強調しています。どんなに身を粉《こ》にして働いても、生活は少しも楽にはならない……。二〇世紀の初頭の日本人の暮らしをうたったこの詩は、二一世紀初頭の現在にも通用するかもしれません。

しかし、この短歌を引用してわたしが伝えたいと思ったのは、単語の反復による強調の効果やその社会的なメッセージではなく、むしろ「じっと」という単純な一つの言葉の使い方です。「じっと」という単語は、動詞を修飾する働きである副詞に分類されます。でも、それはまた同時に、擬態《ぎたい》語の一種でもあります。擬態語とは、ある状況や、何かしら特別な状態を感覚的に近い音に代えて「真似る」表現です。

たとえばご存じのように、「じっと」は、「じっと見つめる」「じっと動かない」「じっと耐える」のように、神経を集中させて、そのまま同じ動作を継続する、あるいは静止した状態を表します。「じっとしていない」などのように、否定語と一緒に使うのも一般的な方法ですね。

日本語のこの「じっと」というような言葉は、何千とはいわないまでも、何百という他の擬態語、擬声語《ぎせい》、擬情語《ぎじょう》とともに、日本語の表現の世界を豊かにしているだけでなく、日本語それ自体がもつもともとの柔軟性をさらに高めていると思います。これらを総称したものが「オノマトペ」という言葉です。

日本語のオノマトペについては、今までたいてい、現実の音を真似る擬声語（「ざわざわ」「がやがや」など）、音ではない状態を表す擬態語（「にやにや」「うろうろ」など）、そして、その人の感覚やある状態を表す擬情語（「びくびく」「ひやひや」など）をふくめて論じられてきましたが、日本語の擬態語が表現できる領域は実に広く、複雑かつ非常に美しいものです（ここで、他の言語でも擬態語がどれほど一般的に使われているかということを説明する余裕はありませんが、簡潔に補足すると、英語にもまた、日本語に負けないぐらい豊かな擬声語や擬態語などがあります）。

しかし、日本語を学ぶ外国人にとって、日本語の擬態語というのは、おそらく数少ない難所の一つ、いわばわたしが「ぺらぺら山」と呼ぶ日本語の山の頂上を征服するために通過しなければならない最後の「ぎざぎざの峰」だといえるでしょう。

外国人が日本語の擬態語をむずかしく感じるとすれば、その理由は、この日本語の音の響きは、外国人の感覚からすると、現実の音をそのまま真似ているようには聞こえないこと、あるいは、彼らの言語のなかにあるような音の響きや状態とは異なるものだからだと思います。

たとえば、犬の鳴き声は、日本人には「ワンワン」と聞こえるでしょうが、英語が母語の人間には「バァウワウ」と聞こえます。また猫の鳴き声の聞こえ方は、日本語では「ニャーニャー」でしょうが、英語では「ミヤウ」というように。

日本語の擬態語に例の「白紙状態」で取り組もうとしても、つまり、耳に入ってくる音をまったく初めてのもののようにとらえようとしても、たいていみな、意識的にも無意識でも自分の言語のなかにある音と比較・対照してとらえてしまいます。

柔軟性と表現の豊かさを生み出す日本語の擬態語

日本語の擬態語の特徴は、しばしば同じ音を二回連続で反復することです。それで、擬態だとわかります。音の繰り返しは、言語のなかで一般的な表現だといえます。そして、日本語にはこの種の言葉がたくさんあります。

たとえば、歩く様子を表現する擬態語を挙げてみると、わたしのような熟年世代なら「とぼとぼ」、老年世代なら「よろよろ」、凛とすばやく歩く様子を表す「すいすい」、関西弁では「ぼちぼち」、着物を着た女性なら「しゃなりしゃなり」など。また、ものごとの状態を示す「ぐずぐず」「ぼろぼろ」「ぴんぴん」、そして心の状態や態度を表す「いらいら」「だらだら」「どぎまぎ」など。

日本人がふだんの会話のなかでいかに無意識にオノマトペ（擬態語）を多用しているか、そして、それによっていかに簡単、便利に、かつ微妙で豊かな感情表現をしているのかの一例を示しましょう。

どこにでもある夫婦の会話から……。

「あっ、いけね！　もうぼちぼちこんな時間か。うかうかしてられねえな。おい、そろそろ商店街の飲み会に出かけようか！」

「なによ。わたしがさんざん言ってたのに、あんたったらなかなか腰を上げないし、へらへら笑ってるだけで時間はどんどんたっちゃうし、はらはらし通しだったのよ。とにかく、なんでものろのろしてるからよ」


擬態語のなかには、「すっぽんぽん」のように、視覚的に訴えるユーモラスなものなど、さまざまな意味の言葉があります。またご存じのように、寒い状態を表現する「ぞくぞく」。「ぞくぞく」しているときは、たいてい「ぶるぶる」震えている状態ですね（しかしおもしろいことに、若い女性が「ぞくぞくするわ！」と言うときには、明らかに「寒い」ということを意味しているのではなく、何かにしびれて、興奮している感覚の表現にもなります）。

擬態語はまた、膠着性言語の利点を活かし、他の言葉と一緒に使うことも可能です。

「バラバラ殺人事件」という言葉は、「殺人事件」に「バラバラ」という擬態語をくっつけることで、文全体が実に強烈ではっきりしたイメージを喚起します。広告関係の人はみな、そうすることで商品のイメージや内容を直感的に購買者に伝える絶大な効果があることを熟知しています。たとえば、「ごきぶりホイホイ」などは、擬態語を使ってユーモアあふれる語感を醸し出し、不思議で強烈なイメージを創り出した商品名の傑作の一つだと思います。

他にも、「ずっと」「ぬっと」「パッと」「ざっと」など「っと」を使った擬態語表現がありますし、「ばっちり」「ぱったり」「たっぷり」「すっかり」「すっきり」「うっとり」「ぼうっと(する)」「すうっと(行く)」「とことん」「すっぽり」など、もはや数え切れないほどの表現があります。

さらに驚くべきことに、この擬態語は、動詞の語尾を加えることで動詞にもなります。「ざわめく(ざわつく)」がその一例です。

わたしがもう四〇年以上も研究してきた宮沢賢治は、「宮ざわざわ賢治」といってもいいくらい、擬態語を作品にちりばめています。

たとえば、彼のすばらしい作品、「真空溶媒《ようばい》」ではこう記されています。

うらうら湧《わ》きあがる昧爽《まいそう》のよろこび

（注：昧爽とは、夜明け方の意）

「うらうら」は、はるかさかのぼること万葉集の時代から使われている擬態語の表現ですが、「うらうら」で始まり、「よろこび」で終わる言葉の流れはとても美しく抒情的で、その表現は見事というほかありません。

この長い詩の後ろのほうで、賢治はさらに雲をこう描写しています。

ころころまるめられたパラフヰン《パラフィン》の団子《だんご》になつて《なって》
ぽつかり《ぽっかり》ぽつかり《ぽっかり》しづかに《しずかに》うかぶ

これは日本語で書き記された最も美しい擬態語の表現というだけではなく、最も美しい隠喩《いんゆ》の一つでもあると思います。

雲をパラフィンの団子になぞらえ、例によって二行目はすべてひらがなを使いながら、雲が紺碧《こんぺき》の空にゆっくりのどかにユーモラスに浮かんでいく様子を的確に伝えています。

もちろん、英語でも、反復を伴う多くの擬態語の表現があります。wee-wee《ウィーウィー》（おしっこ）とか、迷ってぐずぐずするという意味の dilly-dally《ディリーダリー》とか、甘ったるい、感傷的な、というときに使う namby-pamby《ナムビーパムビー》、いんちきというときの hanky-panky《ハンキーパンキー》、そして人間のくずを意味する riffraff《リフラフ》という言葉もあります。

しかし、英語の擬態語の最も一般的な形は、日本語の一般的な擬態語とは違い、音の反復のないたった一つの言葉です。

たとえば、crash《クラッシュ》（衝突）、bang《バン》（打つ）、chirp《チャープ》（甲高い声を出す）、crunch《クランチ》（バリバリ砕く）、slide《スライド》（滑る）、slick《スリック》（てかてかした）、sleet《スリート》（みぞれ）、glitter《グリッター》（輝く）などですが、これらはすべて擬態語です（でも、英語の母語話者《ネイティブ・スピーカー》たちがどれほど擬態語として理解して使っているかは疑問ですが……）。

日本では、先ほどの夫婦の会話のように、擬態語は実際の毎日の生活の会話や読み書きのなかでとてもよく使われています。なにか劇的なこと、たとえば事故や火事などを目撃した人が、テレビのインタビューを受けたりすると、日本人は、そのときの光景や音を表現するのに、よく「パッと」「ピカッと」、（竜巻などの場合）「バリバリバリバリ」などの擬態語を使いますね。

日本では、擬態語が、自分の感覚や思い、感情を表現するための、非常に便利で豊かな道具になっていることがわかります。おびただしい数の擬態語によって、口調や、色、音の多様性や豊かさが、日本語の表現に加わるのです。

また、日本語の擬態語は、まるで手のなかのパイ生地のようにいくらでも変形がきくものといえます。日本語とこの擬態語表現を使えるようになれば、日本人に限らず、だれでもこの豊かな柔軟性と自由な表現手段を手に入れることができるでしょう。つまり、自分の表現したいことにぴったり添う言葉を簡単に見つけられ、感情を注ぎこむことができるのです。

擬態語と動詞の組み合わせが創り出す幅広い表現

言語それ自体にすばらしい柔軟性があるゆえに、別の意味やニュアンスを表す言葉を簡単に創造できるという日本語の際立った特徴は、擬態語を動詞に「くっつけ」て、その意味を微妙に、かつほぼ無限に変化させることをも可能にしています。

「こっそり」という擬態語を使った「こっそり出る」「こっそり跡をつける」「こっそり話す」「こっそり始める」「こっそり撮る」「こっそり調べる」「こっそり逢う」などがその一例ですが、これを英語で言おうとすれば、それら一つひとつの表現にやはり別々の単語を見つけなければなりません。

たとえば、「彼は夕べ、こっそり立ち去ったのよ」であれば、He stole away last night. となるでしょう。stole《ストール》は、steal《スティール》の過去形で、「何かしらこっそりやる」、たとえば「盗む」という意味です。

日本語そのままに、「立ち去る」(leave《リーブ》)に「こっそり」(secretly《シークレットリー》)を付けることもできますが、それでは日本語のフレーズのもつニュアンスはまず伝わりません。「こっそり」という言葉に相当する英語の言葉を単に動詞にくっつけたとしても、日本語のような多様な意味とニュアンスをもつ新しい表現を生み出すことはできないのです。

このことからも、日本語がいかに柔軟な言語かということがいえるだけでなく、日本語全体の語彙がなぜそれほど多くはないのかということがわかると思います。それは、動詞と連結させて縦横無尽に表現を紡ぎ出せる擬態語という道具があれば、もともとの語彙の数がそんなにたくさんなくても、さまざまな行動や感情を表現することが可能だからです。

英語や、少なくともわたしが知る日本語以外の言語では、こういった多様な表現のためには、実に多くの言葉を必要とします。

日常生活の限られた語彙ときわめて自由に連動できるこの日本語の擬態語の柔軟性は、間違いなく日本語と日本語の用法を特徴づける、大きな要素の一つなのです。

たった一語の響きがもたらす表現の柔軟性と自由性

ここで、たった一語の日本語の音をとりあげて、擬態語表現が、さらにどのように日本語に柔軟性と自由な表現手段を与えているのかを説明したいと思います。

その一つが、「ひ」という一語の音の響きです。

日本語の擬態語のなかで、「ひ」や「び」あるいは「ぴ」から始まる言葉はたくさんあります。人の様子や状態、感情を表す擬情語である「びくびく」「びっくり」「びくっと」などの他にも、何かの状態を示す擬情語、「ぴったり」や「ぴちぴち」があります。

わたしは、「ひ」という音は、日本人の耳と脳に、ある特別な連想を伴って入ってくるのではないかと思っています。つまり、「ひゅーひゅー」というような風の音、あるいは「ぴちゃぴちゃ」といった水の音や「ひーひー」という鳴き声、そして何かしらの液体、たとえば、涙が流れるような音を連想させるものだと思います。

(二〇一三年の秋に初孫が生まれたわたしには、このことがよくわかります。隣の部屋で寝ている、目のなかに入れても「ちっとも」痛くないチョーかわいい孫娘の赤ちゃんは、真夜中にひーひー泣いたり、たまにはぴーぴー泣き出したりしますが、爺の耳には快いばかりです)

不思議なことに、外国人であるわたしにも、この「ひ」の響きは、いろいろな英語の単語を想起させます。

「ひゅうひゅう」は、英語でいえば、whistle《ウィスル》が意味するような、まさに風が吹くときの口笛のような音を表しているように感じます。それはまた、英語のmoan《モーン》が意味するごとく、風が咆哮《ほうこう》するような、悲しげな唸《うな》り声のようでもあります。

あるいはswish《スイッシュ》が意味する、鞭《むち》が「ひゅっ」となるような跳ねる音、whiz《ウイッズ》のような、空中に放たれた矢が飛んでいくときの空気を切り裂く音のようでもあります（ちなみに、ここで説明した四つの英単語は、英語でもすべて擬態語です）。

しかし、日本語は、このような英語のたくさんの語彙にくらべて、たったひとつの非常に単純な言葉で微妙なニュアンスを表現することができる言語なのです。

この「ひゅうひゅう」の変形に、「ぴゅうぴゅう」や「ぴゅうっと」という日本語がありますが、これもまた口笛のような音を表しているように感じます。しかし、これはまた水ともつながっています。「ぴゅうっと水を出す」という日本語は、英語で squirt water《スクワート ウォーター》（水しぶきを飛ばす）という表現になります。

「びしゃびしゃ」「びしゃっと」「びちゃびちゃ」「びしょびしょ」は、すべて水の異なった動きや状態を表現していますが、「びっしょりと汗をかいている」といえば、汗まみれの状態であることがわかるように、なんとそこには、量や頻度のニュアンスの違いさえ感じられます。

こういったオノマトペの表現を非常に効果的に駆使した作品は、やはり賢治の珠玉の名作、「永訣《えいけつ》の朝」でしょう。この詩は、死の床にある妹に寄りそう自身の姿を描いています。

うすあかくいつそう《いっそう》陰惨《いんざん》な雲から
みぞれはびちよびちよふつて《びちょびちょふって》くる

稀有《けう》な詩の、稀有な二行です。
（例によって字面に非常に賢治らしい特徴が表れていて、満杯のひらがなのなかに、たった三文字の漢字があるだけです。おそらく他の詩人だったら、「赤く」と「降ってくる」は漢字にするでしょう）

みぞれは、ずっしりと重く降っています。それが「びちょびちょふってくる」という擬態語を伴ったとても簡潔な表現で表されています。

この明晰《めいせき》な表現ゆえに、みぞれがほんとうに跳ね返ってくるようではありませんか。

「永訣の朝」を翻訳するときに、わたしは「びちょびちょふってくる」という部分を、sloshing《スロッシング》 down《ダウン》（跳ね返ってくるように降る）という英語に訳しました。こういった水を表現する英語の擬態語が、slosh《スロッシュ》（パチャパチャはねる）、そしてslush《スラッシュ》（ズボズボ音を立てる）だからです。

ところが日本語では、英語のsloshやslushなど、語彙をわざわざ増やさなくても、ものごとの様子や状態を表現するのに、擬態語を柔軟に使うだけで十分に事足りてしまうのです。

究極的には、擬態語を使えば、動詞さえ省略することが可能です。日本語では、それでもなお伝えたい意味が明確に伝わるからです。

たとえば、文脈が明確であれば、「もう、びっしょり」というだけで、あるいは手振り一つで、「暑くて汗をかいている」ということの完璧な表現になります。

ここでも、日本語がいかに柔軟で、簡潔で、自由な表現手段を備えた言語であるかがわかると思います。

形容詞の使い方に見る、日本語の驚くべき簡潔さ――①

日本語の形容詞の使い方は、驚くほど便利でシンプルです。

この単純な言葉の使い方を見ても、日本語が実に簡潔な言語であることがわかります。

それを示す最も代表的な例が、「えらい」という形容詞ではないかと思います。

ご存じのように、「えらい」には多くの意味があります。

たとえば、偉人とか、一角《ひとかど》の人を指す場合もあれば、重要とか成功を意味する場合（あんた、えらくなったな、という表現）、深刻とか重大という場合（えらい損失だ）、大変な状況（俺、えらい目にあっとる。どないしよう）など、さまざまな使い方があります。

また、「あなたはすばらしい」とか、「快挙ですね！」、あるいは「おめでとうございます！」に代わる言葉として、この一語だけで、実に簡潔な賞賛の表現「えらいっ！」という使い方もできてしまいますね。

このように簡潔に言葉を使うことができるおかげで、日本人は、一般的にそれほど多弁ではなくなったのかもしれません。言語それ自体の文法的な働きが簡潔であることで、それを使う人間の表現も簡潔になるのです。

もちろん、言語の働きと表現は、人がそれを使う過程でたがいに影響しあって、何世紀ものあいだに混ざり合っていきます。それゆえに、多くの場合、言語的な働きと実際の用法を区別するのがむずかしくなります。この二つは、一つのコインの裏表《うらおもて》のようなものなのです。

日本語を母語としない人間には、この「えらい」という形容詞の簡潔な使い方は実に魅力的なのですが、初めて耳にしたときはなかなか理解できないものです。

たとえば「えらそう」という形で使われると、それは「そう見える」というニュアンスです。しかし、「えらそうな態度」となると、相手への軽蔑や相手の傲慢さを示すニュアンスが感じられます。

「何をえらそうに」という嫌みをこめた究極の簡略表現は、この「えらそう」の最も一般的な使い方でしょう。英語に訳すと、それが男性であった場合は、Who does he think he is!（いったい彼は自分のことを何様だと思ってるんだ！）となるでしょう。

この「えらい」の用法に見られる皮肉的表現は、日本人は控えめでない態度をよく思わないという特徴を表しているといえるでしょう。日本の社会では、何かしらいいことがあったときには「みなさんのおかげで」と言わないと、「えらそうな人」と思われかねません。

形容詞の使い方に見る、日本語の驚くべき簡潔さ――②

「若い」という形容詞も、他の言語では考えられないような簡潔で興味深い使い方ができるものだと思います。

「わたしは、もう若くない」というように、「若い」はふつう年齢を表しますね。意味だけでいえば、何の不思議もありません。もちろん日本語だけでなく、他の言語でも、人間の年齢を「若い」と表します。ワインにも「若い」という形容詞が使えるし、まだ創業して数年もたたない会社についても使えます。

しかし、こういった場合はどうでしょう？

スーパーで、久しぶりに知人にばったり会って会話が始まったという状況だとして、その人がこんなふうに言ったとします。

「実は今日、誕生日なんです」

(日本語の特徴として、主語は省略されていますが、状況が明らかなので、話し手の誕生日であることはすぐにわかります)

「あ、そう！　おめでとうございます！」

「ありがとうございます」

「ええと、ちょっと聞いていいですか？」

「どうぞ」

「おいくつになったんですか？」

「わたしですか？」

(ここでの「わたし」という第一人称の使い方は、わたしには、とても不思議に思えます。状況から見れば、相手がだれに向かって質問しているかは明らかだからです。それでも日本人は、会話でたいていこんなふうに話します！)

「ええ」

「六九です」

「えっ、六九？　若い、若い！」

ちょっと考えてみてください。この会話の最後の部分での「若い」の使い方は、客観的に考えてみると実に不思議だとは思いませんか？

ここでは、「あなたの年齢は、若い」ということを意味しているのではありません。「あなたは、実際の年齢より若く見える」という意味です。

これは、言語学的な視点から見て、形容詞を実に簡潔に使っている例です。

他の言語では、はたしてここまで簡単に表現できるでしょうか。「わかそう」とか「若く見える」というように言わなくてはならないでしょう。日本語でも、そのように言うことができます。しかし、たった一言でもそれが可能になってしまう！

そこが、日本語の驚くべき簡潔さです。ああ、なんて使い勝手のいい言葉なんでしょう……。

自分の感情を移入して相手を形容する、ある形容詞の不思議

「惜しい」も、非日本人から見ると、使い方が独特で驚くべき形容詞です。

もちろん、みなさんご存じのように、これは一般的に「残念な」という意味です。

たとえばだれかが亡くなったときに、「惜しいことに」などと使いますね。

また、何か貴重な物をなくした場合にも使います。この使い方は、同じように不思議な形容詞である「もったいない」とも似ています。たとえば、「この家具は、捨てるには惜しい」と

いう言い方は、「もったいない」というニュアンスを表現しています。

ここまでの話なら、「惜しい」はそんなに不思議ではないかもしれません。でも、次のような場合はどうでしょうか？

「わたしの知り合いの作家が、昨日突然亡くなりました。惜しい人を失ってしまいました」

ここでの形容詞の「惜しい」は、あなたが相手をどういうふうに感じているか、その作家が亡くなって残念でならない、という感情を描写しています。

しかし、この形容詞は、「人」を修飾しています。言葉を換えて言うと、この場合、あなたは「人」に、自分の感情を負わせていることになります。

形容詞とは、本来、ある人そのものや、物そのものの性格や状態を形容する役割をもつ品詞です。しかし、ここでの「惜しい」の使われ方を見ると、その人そのものの性格や状態を形容する本来の形容詞としての役割ではなく、「その人の死が、だれか他の人間にとって残念である」状況を示すものに変わってしまっているのです。

これは、実に不思議です。特に、言語学的に何が起こっているかということが、とても興味深い点です。

外から客観的に眺めると、日本語の形容詞はその簡潔な表現そのものが、とてもドラマチックに思えます。

たとえば、前述の「惜しい！」あるいは「悔しい！」などのように、自分の感情をたった一言で非常にエモーショナルに表現することができるからです。

ただ、この日本語の形容詞のような簡潔な表現方法は、日本語だけに見られる現象ではなく、ロシア語にも似たような言い方があります。たとえば、「惜しい！」は、Жалко!《ジャールカ》、「悔しい！」はОбидно!《アビードナ》と、ロシア語でも同じように一つの単語で簡潔に表現できます。

しかし、日本語最大の特徴の一つであるこの簡潔で便利な表現パターンは、日本人以外のどんな人々にとっても、現在のところは世界共通語の一つである英語より、少なくともはるかに使いやすいのは明らかです。

日本語は「入れ替え」「切り取り」が自由なので「省略」が簡単に行える

宮沢賢治の「言葉」に関する非凡な才能は、今でも広く一般的に使われている省略語を残したことでも明らかです。

それは「炭《タン》カル」という造語です。

砕石《さいせき》工場で技術者として働いたこともある賢治は、セメントや道路のアスファルトに使われる「炭酸カルシウム」という物質名から「炭カル」という造語を編み出したのです。

賢治にそれができた理由、そしてその言葉が簡単に社会に受け入れられた理由は、日本語という言語そのものが、単語やその音を分解したりくっつけたりして省略語を作るのが容易な、非常に合理的な膠着性言語だからです。言語がどう使われるかは、その便利さと深く関わっています。

まず最初に、省略形とはどんなものかについて、その定義を簡単に説明します。

省略形の多くは、二つ以上の単語を短縮し、それを組み合わせてできあがるのにもかかわらず、たった一つの別の単語になります。また、単に一つの単語の一部を切り落として作る省略形もあります。

この宮沢賢治の造語の例でいえば、「炭酸」と「カルシウム」という明らかに違う性質と意味をもつ二つの言葉を、それぞれ「炭(タン)」と「カル」に短縮し、それを組み合わせて「タンカル」というまったく別の新しい単語を作るのです。

英語で「省略」を意味する abbreviation《アブリビエーション》 のなかの -brev- という綴りの部分は、ラテン語の「要約」という言葉からきています。brief《ブリーフ》（短い）という言葉と、同じ語源です。

つまり、二つの性質からできている言葉のなかに両方の痕跡が見えているもの、あるいは英語で I will を I'll と綴りを短くするように、文字を外したりするものも、話し言葉においては省略形だといえます。

俳句や川柳は、他の日本の芸術の表現形式にくらべ、最も「省略の技《わざ》」が表れたものだといえるでしょう。

「何かを暗示する」という日本語の使い方の特徴の一面は、「何かを明確に表現する」ことに勝《まさ》るとも劣らず重要です。それは、日本の芸術が、対象を明確に説明する表現であろうとするより、「何かを暗示しようとする」ものであるのとまったく同じなのです。

たとえば、文章の芸術的表現において日本で評価が低いのは、「説明的」な文章です。

英語で「説明的」という場合、二つの単語が考えられます。一つはexplanatory《エクスプラナトリー》（解説のような）、もう一つはelucidative《エルーシディティブ》（解明するような）という意味あいの単語（ラテン語の「白日の光のもとに引き出す」という言葉が語源）ですが、どちらも肯定的な意味で使われます。

しかし、日本語の「説明的」という言葉には、ある種の否定的な響きが感じられます。

日本語の話し言葉、文章、そして日本の芸術においてきわめて特徴的で独自なのは、本来の意味やニュアンスは何かしらそれを示唆する言葉やイメージで暗示される、ということです。

日本語では説明的であることが否定的にとられるのはそのためです。場合によっては、そこにぎっしり詰めこまれたものより、省略されたものや書き落とされたもののほうがはるかに重要なのかもしれないのです。すべてではなく、最低限必要な何かだけを残しておく。

つまり、日本では「示唆的で、ニュアンスをにじませた」表現をすることこそが重要な文化であり、社会なのです。少なさを重んじる文化、控えめを尊ぶ社会です。

日本語は、外来語同士でも便利な「省略語」を創り出せる

わたしなりにたとえれば、日本における省略形の一つは、いわば「首切り」によって作られ

る、と考えます。つまり、日本語の省略形を作る一つの方法は、ある単語の「首」もしくは「頭」を切り落とすことです。「サツが来る」とか「ブクロに立ち寄る」などは、いわばこの「首切り」の方法で作られた省略形です（言わずもがなですが、「サツ」は警察の首である「警」、「ブクロ」は池袋の首、「池」が切り落とされた形ですね）。

また日本語の省略形は言葉のおしりの部分を切り落とすことでより使いやすくすると同時に、それがとても新しい語感に感じられて流行語になることさえあります。「まじめ」の「め」を切り落として作られた「マジ」も、もはや世間一般で広く使われている省略語ですね（それにしても、「マジっすか？」はなかなかいい表現ではありませんか）。

わたしたち非日本人にとって驚くべきことは、こういった言葉のおしりの部分を切り落とす方法が、外来語にさえ使われることです。一番いい例は、英語のコンビニエンス・ストアから生まれた「コンビニ」でしょう。さらに、「カツカレー」などは、二つの外来語が省略された言葉です（カツはカツレツの省略形ですね）。

最近流行の「アラサー」「アラフォー」「アラフィー」も同じように二つの外来語を短縮して作られた、おそらくは日本語でしかできない芸当の、非常にユニークな省略語です。

ご存じの方も多いと思いますが、英語で「三〇代」「四〇代」「五〇代」を表す「アラウンド・サーティー」「アラウンド・フォーティー」「アラウンド・フィフティー」の「アラウンド」（だいたい）を「アラ」、「サーティー」（三〇）、「フォーティー」（四〇）、「フィフティー」（五〇）

をそれぞれ「サー」「フォー」「フィー」と短縮してつなげた省略語ですね。

しかし、「還暦《かんれき》あたりの世代の人」という意味の「アラカン」にいたっては、なんと英語の「アラウンド」を「アラ」、日本語の「還暦」の読みを「かん」と短縮したあと、さらには、まるで外来語のように「カン」とカタカナ表記に変えて「アラ」と結合することによって、まったく新しい感覚の造語を創り出しています。

ご存じのように、「アメリカン・フットボール」を略した「アメフト(アメフ)」や「ワーキング・ホリデー」を短縮した「ワーホリ」なども外来語の省略形ですね。

高校生、中一、阪大、日大、京阪……。こういった省略語はすべて、元の正式名称の長い形よりも日常的に頻繁に使われている言葉です。たしかに、東京工業大学と書くより、東工大と言うほうがずっと簡単です。

日本語の話し言葉が省略形を作るのにぴったりの柔軟性をもっているおかげで、日本人は便利で新しく、おもしろい言葉を作る創造性を発揮できるのです。

日本に住んでいる外国人も日常生活のなかで、しょっちゅうこういう省略語と出くわします。マクドナルドは「マック」、コラボレーションは「コラボ」、大学院生は「院生」、関西空港は「関空」……。

こんな便利でわかりやすい言葉の「技」が使えれば、外国人にとってももっと楽に、そして簡潔にコミュニケーションができるようになります。

「エアコン」の例を見てください。これは日本オリジナルの純粋な和製英語ですが、いまや世界中で使われる大変便利な省略語となっています。もし日本語が世界共通語になったならば、エアコンやアニメのように、マックもコラボもコンビニもセクハラもあらゆる他言語のなかで使われるでしょう。

縮原発、卒原発、脱原発、原発の即ゼロ。この四つの表現は、省略形でありながら、原子力エネルギーを縮小するのか、そこから段階的に移行していくのか、廃絶するのか、それぞれの内容や主張を的確に表していると思います。

つまり、日本語の省略形もまた、簡潔な表現で言葉を柔軟に使う、日本語独特の方法の一つになっているのです。

「見られる」を「見れる」、「食べられる」を「食べれる」と表現する、比較的新しい「ら抜き」言葉の現象もまた、省略形の一種だとわたしは思います。実際、「見れる」や「食べれる」という表現のほうが、旧い使い方よりも、ずっと身近で「正しい」表現のように聞こえます。

抵抗感をもっている前の世代がいるかもしれませんが、わたしにはごく自然な変化に思えます。なぜなら、これはまさに日本語自体がこういった新しい変化に簡単に対応できる柔軟性と可能性を内にもっていることの証明だからです。

言語は不変であるという原則などありません。なんでも可能だからこそ、他の言い方も生まれてくるわけです。そもそも何が正しい言葉の使い方なのかということも、時代によって変わっていきます。

二つの異なる単語の意味をあわせもつ省略語は、何も日本語独自のものではありません。ロシア語にもたくさんの省略語があります（ここでは詳述は省きますが、特に、一九一七年のロシア革命後には、日本語と同じような多くの省略語が作られました）。

しかし、日本語がユニークなのは、漢字とかなの組み合わせで省略語を作れるということです。これは、他のいかなる言語にも見られない現象です。

最近の例を挙げるとすれば、「着ぐるみ」（「人体着用ぬいぐるみ」からの省略）や「ゼンタイ」（「全身タイツ」からの省略）など、巷のファッションや流行は、まさにこの手の新しい省略造語の宝庫です。

これは、そもそも日本語が、中国語と大和《やまと》言葉と外来語が混ざり合って存在することができる言語であり、膠着性言語だからこそ、もともと自分たちの母語でない言葉でさえ組み合わせることが可能になったのではないかと思います。

そしてついに「KY」や「JK」にいたっては、なんと「空気読めない」「女子高校生」の頭文字をアルファベットに変換し、イニシャルに省略してしまっています。

また「キムタク」同様、「シュワちゃん」「ブラピ」のように、日本では外国の「セレブ」でさえ省略語で呼ばれることがあります。そこには、相手に抱く親近感や好感が表現されていて、有名人でさえ、まるで家族の一員のように親しみをこめた愛称にしてしまいます。

このような省略語表現に、わたしは、まさに日本人の創造的なユーモアのセンスを感じます。

日本人はなぜこんなにも多くの省略形を創り、使うのか？

それは、日本語のもつ言語としての柔軟性のおかげで、使い古された平凡な言葉の部分同士をくっつけて新しい響きと感覚をもった言葉を生み出せるからだと思います。

日本語がもつ省略の機能は、言語学的に見て、不思議かつ興味深い驚きなのです。

日本の風土に基づいた独特の表現——敬語

世界のほとんどの人たちは、外国語を、自分の国、そしておもに学校で初めて学びます。幸運な場合、先生はその外国語の母語話者《ネイティブ・スピーカー》か、それに近い人でしょう。そしてそのさまざまな側面を理解していきながら、外国語を習得します。さらに学校を卒業してからも外国語を学び続け、それを自分のものにしていきます。しかし、その言語が話されている国の外では習得することがきわめて困難な一つの外国語のある一面があります。

それが日本語の敬語です。

日本の子どもは小さいときから敬語を耳にして育ちます。そうやって、敬語における形式的で丁寧な話し方の多くの特徴を、聞き分けることができるようになります。

やがて子どもは、だれが話しているかに注意するようになります。それが男性なのか、それとも女性なのか？　祖父母、それとも親、あるいは親の友人なのか？

もう少し大きくなると、子どもは、家族以外の見知らぬ他人、他の子どもたちや先生、公園や店で出会う人たちなどにも接するようになります。言語を習得していく自然な過程として、日本の子どもは社会的な状況のなかで敬語の使い方を吸収していきます。

しかし、日本語の先生が敬語を話しているのを、外国人がメルボルンやモスクワあるいはモンテヴィデオ（ウルグアイの首都）で聞く場合、それはたった一人の日本人が使う敬語を、日本の社会的な状況の外で聞くことになります。それだけでは、日本語（そして日本社会）において敬語がいかに重要かということを理解するにはまったく不十分です。敬語は、日本の風土に基づいている日本語独特の表現だからです。

また日本人、特に若い世代の人たちは、しばしば敬語を誤った形で使うことがあります。しかし、わたしは、彼らが敬語を間違って使っているとか、ないがしろにしているというふうには感じません。若者は若者で、ちゃんと自分の対人関係に即した敬語を使っていると思います。

日本語の柔軟性のおかげで、彼らには、言語を自分たちに適した形で使える自由があります。年長の世代が若者たちの言葉の使い方を認めないとしても、それは年長世代の問題であって、若者たちには関係のないことです。若者というのは、まず、自分たちにとって楽しいことを第一に考えますが、それはどんな時代にも共通する自然なことです。それを何より如実に反映しているのが、世代間での言葉の使い方の違いです。

たとえば、かつて自分の父親のことを「父上《ちちうえ》」と呼んでいた日本人は、いまやほとんどいなくなりました。そして「お嫁さん」(嫁や義理の娘のことですが) のほとんどは、もはや、義理の親に対して小津安二郎監督の『東京物語』で原節子演じる後家さんの紀子のような言葉でなど話しません。愛らしく頬笑みながら語られる彼女の美しい敬語は、もちろんいまや完全に時代遅れです (でも、年長者の日本男性には、自分の嫁もこういうふうに話しかけてくれるといいなと思わせるような魅力をもっていることはたしかでしょう)。

日本語の敬語には、ある特徴的な一面があります。それは、日本の敬語の多くが性別に関係していて、女性は男性よりも敬語を使うことが多いという点です。

日本の女性たちは、若いころから敬語というものにさらされ、縛られているためか、女性のほうが丁寧に話すことを要求されているように思います。欧米でも、たいてい男性より女性の話しぶりのほうが丁寧ですが、日本語のような敬語があるわけではないので、彼女たちが、特別、男性が使うのとは違う単語を使ってしゃべっているわけではありません。

たとえば、日本の女性は「お砂糖」「おビール」「お方(二重の丁寧語です!)」「お嫌いですか?」など、名詞の前に「お」をつけて話すことも、男性より多いといえます。そして、こういった言葉の使い方は、だれを相手に話しているかで変わります (※ところで、「おビール」以外でもう一つだけ、外国語の食べ物に「お」をつけて日本語になった言葉があります。少しお考えになってから、P134下をご覧ください……)。

参考までに、英語の場合、日本語の敬語的表現をどう表現するかをちょっと述べておきましょう。

仮に雑誌の編集者から原稿を依頼された作家が、「喜んで書かせていただきます」という返事をする場合、英語だと、日本語のような敬語は存在しないので、その代わりに丁寧な言葉を使って表現することになります。単純に I'm glad to write it.（喜んで書くよ）という代わりに、I would be only too glad to write for you.（あなたのために書けることを幸いに思います）というような表現をするのです。これがまさに英語での丁寧な表現で、日本語の敬語的な「感覚」です。しかし、敬語のように非常に微妙なニュアンスをふくんだ表現が生み出せるわけではありません。

日本人が他の国の人々にくらべ、礼儀正しいと思われる理由の一つは、もちろんこの敬語にあるといってもいいでしょう。しかし、日本人そのものが他の国の人よりも親切だというわけではありません。日本語という言語の機能、特に敬語の使い方がそう思われることに関係しているのです。

最もシンプルで便利な敬語、「さん」

名前や物のあとに続いて修飾する、おそらく非日本人からするととても便利でシンプルな丁寧語を一つだけ挙げておきたいと思います。それは、「さん」という短い言葉です。

そもそも「さん」とは何かを考えてみると、大変不思議なものだと気づきます。

「田中さん」「恵美子さん」「ロジャーさん」というように使われるこの短い丁寧語は、初めて日本語に接して外から眺める限り、実に直截《ちょくせつ》的です。

ご存じのように、英語ならMr.、Mrs.、Ms.、あるいはMissにあたりますが、英語の場合、女性が既婚か未婚かがわかっていなければ使い分けができないという不都合が生じます（ちなみに、そのようなわけで、英語ではMissは死語になりつつあります）。

でも日本語では、男性であれ女性であれ、日本人であれ非日本人であれ、大変便利なことに、すべて名前に「さん」をくっつけるだけで、相手への敬意を表すことができます。

しかし日本語の場合、今度は、姓に「さん」をつけると、その人が男性か女性か判断できなくなるという事態が生じることになります。他の言語や、英語のMr.やMissとは、そこが異なります。

しかし、これは少しも不思議なことではありません。すべての言葉はある情報を伝えますが、その量や内容は、言語によってそれぞれ異なるからです。

少々話がそれますが、たとえばポーランド語では、「おじ」と言うとき、二つの異なる言葉を使います。母方のおじ（wuj《ヴィ》）なのか、父方のおじ（stryj《ストリー》）なのかがそれで一目瞭然になります。

日本語では、「おじ」が自分の父母の兄か弟なのかは、書き言葉（漢字）でなら「伯父」「叔父」と区別することができますが、話し言葉だけでは、その違いを明らかにすることはできません。英語の uncle《アンクル》 にいたっては、その区別さえありません。

ノルウェー語では、祖父母について、父方母方で異なる言葉を使います。母方の母は mormor《ムルムル》、母方の父は morfar《ムルファル》、父方の母は farmor《ファルムル》 で、父方の父は farfar《ファルファル》 となります。

つまり、ある言葉に限っていえば、ポーランド語やノルウェー語は、日本語や英語より情報量が多いことになります。

またロシア語では、「隣人《りんじん》」というとき、男か女かを区別するために別の二つの言葉を使います。男性なら сосед《ソシエッド》、女性なら соседка《ソシエッドカ》 という具合です。

そういうわけで、妻が夫に「あなたどこに行ってたの？」と尋ねたとして、英語か日本語なら、単に「お隣さんと出かけてた」と言えばすむところを、ロシア語ではそれが男か女かが明らかになるので、下手をすると言わずもがなの事実を藪蛇《やぶへび》で漏らしてしまうことになります。

日本語ではまた、「兄」「弟」「姉」「妹」という言葉があるので、「きょうだい」について、年上か年下かの情報を正確に伝達することができます。しかし、英語やロシア語で同じ情報を伝えようとするなら、「年齢が若いほうの」、あるいは「年長のほうの」という言い方をしなくてはなりません。

逆に、これを日本語に訳すときにはとてもむずかしい状況が生じます。というのも、年齢の上下関係がわかっていなかったら、日本語ではどの言葉を当てはめていいかわからないからです。

逆に、日本語から英語やロシア語に翻訳する場合には、また別の問題が生じます。日本では、妹が姉のことを話すときには「姉さん」と言いますが、たとえば小説などの場合、ときどき「姉さんはいつもそう言う」といった文章が出てきて、姉の名前が一向にわからないことがあります。

しかし、これを英語に訳すとなると、それに相当する表現がありません。英語では、妹は姉のことを「姉さん」などとは言わず、「ステイシー」などと固有名詞か、you、つまり「あなた」で呼ぶからです。

口語でsis《シス》(sister《シスター》の省略形)という言葉はありますが、これはもっとくだけた「姉ちゃん」といったニュアンスなので必ずしも的確な翻訳表現とはいえません。となると、英語に訳すときには、何かしらの名前を考え出さなければならない羽目におちいるのです。

井上《いのうえ》ひさしの戯曲の傑作『父と暮らせば』の訳をまかされたとき、わたしもこの苦労を味わいました。

その劇は、原爆が投下されたときの広島とその後のできごとがテーマなのですが、娘のことが心配であの世から幽霊になって現世に戻ってきた父親に、主人公の美津江《みつえ》がその女友だちのことを語るくだりがあります。美津江は、爆風で亡くなった友人たちのことを、女性言葉でよく言うように苗字に「さん」づけで話すのです。

英語では、女友だちにいちいちMissをつけて「田中さん」や「鈴木さん」とは言いません。

「ルーシー」や「バーバラ」など、確実に名前を呼び捨てで使います。ところが、井上ひさしさんは、よりによって、美津江の女友だちに、苗字以外に名前をつけてはいなかったのです。

そんなわけで、わたしは翻訳のために、一九四五年八月に広島で死んだ美津江の女友だちにわざわざ名前をつけるほかなかったのでした。

さて、日本語の「さん」に戻って考えてみたいと思います。

ご存じのように、「さん」には、より丁寧な言葉として「様」という形があります（いまやメールでは漢字ではなく「さま」とひらがなで表記されることが多いようですが、それはメールという気軽な通信手段の性質を反映しているのでしょう。ほんの数年前までは、だれかのことを「さま」とひらがなで書くということは考えられなかったはずです）。

「さん」は、よりくだけた形で「ちゃん」にもなりますが、それは、小さくて愛らしい感じを伴った親近感を表しますね。さらにおもしろいことに、「おばあちゃま」などの例のように、丁寧語の「さま」と、この愛称表現の「ちゃん」をくっつけた「ちゃま」という言い方もあります。これなど、「お」と「ちゃま」を使って、尊敬と親しみを同時に表す、言語学的には非常に独特の言葉といえます。

しかし、この「さん」という短い丁寧言葉がおもしろいのは、人間の名前ではないものにも使われるところです。

「学生さん」「かみさん」「大丸さん」などのように使われますが、少なくともデパートは人間ではありません。こういった使い方では、その言葉に対して、単なる尊敬とは異なるニュアンス、何かしらの親近感がこめられていると感じます。たとえばよく行く馴染みの場所などに「さん」をつけて、親近感を伝えているのです。

「かみさん」は、もちろん、形式としては丁寧語です。おもしろいのは、「妻」や「女房」とは違って、この言葉は自分の奥さんに対する敬意と、同時に親近感を表しているといえる点でしょう。

また、男性がだれかしらにこの言葉を使うとき、その話し相手は、友人や、ふだんから自然に受け入れられる関係の人たちであることを示しています。自分自身がどう感じているかを表すだけでなく、まわりとの人間関係のニュアンスをも微妙に伝えているわけですね。

これもまた、まさに日本語ならではの魅力的な特徴だと思います。

「歯医者さん」や「お巡りさん」の「さん」も相手への敬意を表します。「八百屋さん」と言うときは、敬意を表すとともに馴染みの関係であることも暗に示しています。また、「おふくろさん」と言うときには、敬意の他に深い愛着と感謝の念も感じられます。

おそらく、多くの非日本人にとって一番不思議でユニークに思える「さん」の使い方は「どろぼうさん」でしょう。忌み嫌うべき「どろぼう」という存在にさえ丁寧語を使ったこの素敵な表現は、もちろん敬意を表すものではないでしょう。しかし、どこか親しみを感じさせる表現です。いずれにせよ、泥棒も、わたしたちと同じ人間だからでしょうか……。

敬語は日本語と日本人の国民性に密接に結びついている

敬語の世界、そしてそれが一〇〇〇年以上も生き延びてきたことは、実に興味深いできごとに思えます。おそらく、外から日本語を眺める非日本人にとって、敬語という言葉の独特の形態と使い方を知れば知るほど、日本社会やそこでの対人関係について多くを教えてくれるものはないでしょう。どちらが年上で年下か、何かしらの特別な業績を上げた人なのかどうか、敬意を表明してしかるべき人なのかどうかなど、日本人がいかに人間関係に対して気配りする国民であるかということを示しているからです。

昨今のメールで使われる単なる決まり言葉、「いつもお世話になっております」のように、ある種の敬語表現のなかには、いつかきっと消え去ってしまうのではと思うものもあります。おそらく、「○○様」も、そうなるかもしれません。しかし、その使い方が変わったり減ったりしても、敬語自体は決してなくなることはないでしょう。そして、これからも進化と変化を続けることは間違いないでしょう。

敬語は、まさに日本語の構造とその使い方に密接に結びついた言語学的な現象であり、それゆえに日本人の国民性にも深く関わっているからです。

＊

この章で、わたしは、おもに英語などとくらべ、いかに日本語に柔軟性があり、語彙が少なくても限りなく多くの微妙なニュアンスを簡単に表現できる、不思議かつ驚くべき言語であるかについて、また、それゆえに日本語が世界語になる可能性があることを示すために、わたしなりの方法で、具体的な例を挙げて語ってきました。

日本語が世界語――リンガ・フランカになれば、日本人と外国人とのあいだでも、外国人同士でも、日本語が自然に使われている光景を世界のあちこちで目にすることでしょう。そして、日本人にとっては外国のことがずっと理解しやすくなり、日本人の心を世界中の人々に大きく広げるようになるでしょう。

少なくともこのわたしは、いつかその日が来たとき、「世界の日本語、ばんざい！」と声を限りに叫ぶでしょう。

※P127の答え……おソース！
（なぜ「おワイン」とか「おウイスキー」と言わないのか、わたしにはわかりません）

第四章

世界に誇る美しい響きの日本語とは

言葉の「響き」とは何か

すべての言語の響きはひとしく美しいと思います。ある言語の響きが他の言語より美しいということはありません。

のっけから、ほとんどだれも同意してくれないことを言っているようですが、それでもわたしはそう信じています。なぜかを説明する前に、まず一つの難問から始めましょう。

日本語は美しい響きをもった言語でしょうか？

客観的に考えてみると、おそらく「よくわからない」という答えが返ってくるでしょう。

実際、ほとんどの人が自分たちの言語の響きが美しいと主張するにしても、ほんとうにそうなのかそうでないのかを客観的に判断するのは不可能でしょう。なぜならそれは、そう主張する人にとっての第一言語で、その言語の響きは、まわりのものごとや状態と、生まれたときからその人の脳細胞に直接焼きついているからです。

いっぽう他の言語を耳にしたときには、心地よく聞こえるか、耳触りかのどちらかでしょう。「フランス語の響きは美しいけれど、○○語の響きは美しくない」というように。

でも、ほんとうにそうでしょうか？

ある外国語が耳に心地よく響き、美しいと思うのは、おそらくほとんどの人が「やわらかくまろやかな」音の響きに反応するからでしょう。いっぽう、ある言語が耳障りに聞こえるのは、第一言語（母語）にない音か、あるいは「耳にはきつく聞こえる」音に反応しているからです。しかし、気をつけておかなければならないのは、このような反応は、すべて第一言語の音の響きを基準にしてとらえているということです。

ある特定の言語がざらざらした音に聞こえたり、あるいは鼻にかかった感じや、強い響きに聞こえたりすることもあります。しかしその言語が理解できていないとしたら、ある言葉の音の響きとその意味をつなぐ方法もありません。いったい話している人はどういう人間なのか、どういった状況で話しているのかもわかりません。

そのようななかで、ある言語の響きが美しいかどうかをほんとうに判断することができるでしょうか？

一つわたし自身の例を挙げましょう。外国語のことがわかるようになるまでは、わたしも、美しい言語とそうでない言語があると思っていたのです。英語はどちらなのかということはまったく見当がつきませんでしたけれど……。

小さいとき、わたしはドイツ語をとても不快な言語だと思い、そう公言していました。どのつまり、ich《イッヒ》（わたし）とかSchwein《シュヴァイン》（豚）という「耳障りな」音のせいです（わたしは、そのとき英語がドイツ系言語であり、たくさんの言葉がドイツ語と関連しているということを知りませんでした）。

一九五〇年代に、アメリカの戦争映画を見て育ったわたしが聞いた唯一のドイツ語は、悪しきドイツ軍の兵隊たちが叫び放つ、あるいはわめき散らす言葉だったのです。そのおかげで、ドイツ語と聞けば、内容にも音にも嫌悪感をもよおすような気分になりました。

しかし、一九六〇年代半ばに初めてドイツを旅行して、そこですばらしい叙情に昇華していく詩や音楽に出会って、ドイツ語が非常に美しい響きの言語であることを思い知りました。そして初めて、ドイツ語を言語としてすばらしいと思えるようになったのです。

このことは、ポーランド語についてもいえます。英語の話者、そして日本語の話者にとっても、ポーランド語の音の響きは、とても「馴染みのないもの」に聞こえるはずです。

初めてポーランド語を聞いたとき、わたしはだれかがお粥《かゆ》を口一杯にほお張ったまま話しているように聞こえました。まるで、音が口のなかでぬかるみにはまったようによどんで、それが喉《のど》までごろごろと下りていくような響きなのです。

ところが、ポーランド語がよくわかるようになると、言葉同士のなかで音が組み合わさって、実に美しい響きを生み出していることに気づきます。

わたしは、ある韓国人から日本語は実に不快な響きの言語だと言われたことがあります。一方で日本人のなかには、ハングルが実に不快な響きの言語に聞こえるようです。もちろん、声を大にして愛国的スローガンを叫んでいる北朝鮮のニュース番組を視聴すれば、ハングルは美しく聞こえようはずがありません。それは、音の響きの印象が否定的だからです。

となると、わたしたちはそこで自分自身にちょっと問いかけてみる必要があるでしょう。

いったいだれがその言葉を話しているのか？

どのような類の表現が使われているのか？

戦前戦中、アジアでの輝かしい日本軍の勝利を報道する日本の戦勝ニュースを聞いたとしたら、今の日本人でもその日本語が「美しい」と感じるでしょうか？

とてもそうは思えなかったでしょう。

言葉の響きと意味の結合から生まれるイメージが、美しさの基準となる

重要なことは、母語話者《ネイティブ・スピーカー》にとって、第一言語の音の響きとその意味を分けること、さらに、ある言葉の意味をその時代や社会背景などと分離することはできないということです。

「くそ」という日本語の響きを美しいと思う人はまずほとんどいないでしょうが、音として同じように聞こえる「空想《くうそう》」は、肯定的に美しく響くはずです。

「ノコギリ」が特に魅力的な響きの言葉だとは思いませんが、「カマキリ」は、「音のイメージ」としてよい響きをもっていると思います。

その違いは、もちろん、その言葉の意味との関連性にあります。母語（第一言語）において、ある言葉の音の響きとその意味の関係を断つことは大変むずかしいのです。

たとえば、次のような文章はどう感じるでしょうか？

「土《つち》の壁《かべ》の鉤《かぎ》にかけられた鉄《てつ》の金槌《かなづち》は、タタキにドンと落《お》ちた」

この文章では、「ち」だけでなく、「つ」と「づ」の両方が「k」の音と一緒に使われています。この音の響きの組み合わせが美しいとは、あまり思わないでしょう。

では、「金槌《かなづち》の川流《かわなが》れ」というのはどうでしょう？

頭韻を踏むように「か」という音が繰り返されることで、美しい響きの印象があります。

ところが、その意味はそんなに美しいというほどではありません。

美しいと感じるとすれば、それは「川流れ」という言葉の意味と音の響きがつながっているからだと思います。

では、これはどうでしょう？

「柿食《かきく》えば、鐘《かね》は鳴《な》るか？」

これも、その響きと意味がそう美しく聞こえるとは思えません。

しかし、正岡子規の次の有名な俳句の音の響きと、そのイメージは実に美しい。

柿食《かきく》へ《え》ば鐘《かね》が鳴《な》るなり法隆寺《ほうりゅうじ》

なぜ、こちらは美しく感じるのでしょう？

「柿食《かきく》へ《え》ば鐘《かね》が鳴《な》るなり」という前半の句の意味とイメージ、そして、それらの音の響きの流れとの結びつき、さらにそこに続く「ほうりゅうじ」という新たな響きのつながりからもたらされる美しさではないでしょうか（そして、正岡子規という日本語の匠《たくみ》によって生み出されたものだからでもあります）。

つまり、音と意味の関連性が、「美しい響き」に感じることに影響していることがわかると思います。

子規の俳句では、「k」の響きが美しく聞こえると言いましたが、もう一つの有名な俳句にも同じように三つの「k」をふくむことで実に美しい響きをもたらします。

古池《ふるいけ》や蛙《かわず》飛《と》び込《こ》む水《みず》の音《おと》

簡潔な音の響きから美を生み出した日本語の匠たち

しかし、日本語に限らず、「k」の音の響きは「やわらかくてまろやか」でしょうか？

わたしにはそうは思えません。

しかし、日本語には「k」の音で始まる実に多くの単語があります。

実際、わたしがもっている研究社の和英辞書では、約四〇〇ページにわたって、つまり全体の二〇％の言葉が、「k」で始まっています。次に多いのが「s」で始まる言葉です（約二八〇ページほど）。それに続くのが「t」（二〇〇ページちょっと）です。

もちろん、これは統計的な研究でもなく、また、会話や文章などで使われている言葉のなかで同じ文字が出てくる頻度を調べているわけでもありません。しかし、日本語の音が全体的にどのように聞こえるのかを考える手がかりにはなると思います。

つまり、日本語にも決してやわらかくなく、またまろやかでもない音がたくさんふくまれているということです。

喉の奥から発音されるロシア語のキリル文字「X《ハー》」（英語のXとは別のもの）の音の響きは、日本語で表記するとカタカナの「ハ、ヒ、フ」などにあたりますが、日本語にも英語にも、このようなこごもったような音はありません。アラビア語での「おはようございます」は、（ローマ字で書くと）Sabah al khayr（サバフ　アル　ハイル）になります。「ハ」で表している音は、ロシア語よりも喉の奥のほうで発音され、「ざらざら」です。

英語の母語話者《ネイティブ・スピーカー》の多くは、この音の響きを「まるで話しながら喉の粘液で咳払いをしているようだ」と陳腐な冗談めかして皮肉りますが、およそ英語や日本語の話者には美しいとは聞こえないだろうと思います。

ところが、ロシア人やポーランド人やアラビア語圏の人にとっては、この「kh《ハー》」という音は言葉の使われ方によって、とても美しく響くのです。音の響きの美しさが、その意味や他の言葉の音の響きと組み合わさって生み出され、聞く者の耳には心地よくポジティブに響きます。

これは、意味がわからない外国語の音を、自分の第一言語を基準に判断すると、その言語の音の響きに誤った印象をもつかもしれないという例です。

正岡子規の柿の俳句の美しさは、冒頭の「柿」の「k」と、それに続く「食《く》へ《え》ば」の「k」の響きの連続がもたらす緊張、「鳴るなり」の「な」の連続と、「ほうりゅう」という長音《ちょうおん》の繰り返しからきていると思います。全体から受ける音の印象が、耳にやさしく癒すように響いてきます。

芭蕉の蛙の俳句にも同じことがいえます。

簡潔な音の響きから美を生み出す術を、彼ら日本語の匠たちは実によく心得ていたのです。

こういった例は、話し言葉ではなく、基本的に文学や詩のような書き言葉として現れます。

でもここでわたしは、それが言葉のもつ音と深く関わっているのだということを指摘しておきたいのです。

作家や詩人とは、まさに言語のなかに美を創造する人たちです。だからこそ、どんな言語であれ、その言語を話す人たちは偉大な作家たちの作品を誇るべきです。日常のごくあたりまえに使われる言葉がもつ音の響きから美を生み出す、このような匠がいなかったら、自分たちの言語の豊かさに気づかないままでいるかもしれません。

そして、近代日本において、言葉の響きから美を紡ぎ出す匠としてわたしが知る最もすばらしい作家、それが宮沢賢治でした。賢治の言葉に話を進める前に、もう少し他の観点を示しておきましょう。

日本語の書き文字の視覚的効果が与えるすばらしい効果

言葉の響きを、なぜあるときにわたしたちの心は美しいと感じ、あるときにはそうでないと感じるのでしょう？

「鋭意努力させていただきます」「あらゆる選択肢を排除するものではありません」「適切に審議決定いたします」などといった言葉を連発する国会演説を聞いていて、わたしたちは日本語が美しい言語であるなどとはとうてい思えません。

もちろん、音の響きそのものは不快というわけではありません。「いただきます」という言葉も「あらゆる」も、やわらかくまろやかな、流れるような響きをもっています。しかし、こういった言葉から成り立っている文章そのものに、人々は「美しい！」と感動するでしょうか？

漢字やカタカナで書かれた固い響きの印象の言葉でも、音で聞いたりそれがひらがなで書かれたのを見たりすると、音の響きをより魅力的に感じるかもしれません。

大正一二年一月、萩原《はぎはら》朔太郎《さくたろう》は「黒い風琴」と題するとても美しい詩を発表しました。そのなかで、彼は「レクイエム」というカタカナの日本語を、ひらがなで「れくれえむ」と記しました。ところがそのとたん、その言葉はやわらかな音楽性をもって立ち現れてきます。

わたしが大好きなこの詩に、次のような一行があります。

けいれんするぱいぷおるがん　れくれえむ！

朔太郎は、この詩である種の「抒情的エロティシズム」を創造しているといえるでしょう。冒頭はこのように始まります。

おるがんをお弾きなさい　女のひとよ
あなたは黒い着物をきて
おるがんの前に坐《すわ》りなさい
あなたの指はおるがんを這《は》ふのです
かるく　やさしく　しめやかに　雪のふつてゐる《ふっている》音のやうに《ように》
おるがんをお弾きなさい　女のひとよ。

なんと美しい音色なのでしょう！（そう、日本語には、音にも色があるのです）
まるで、だれかがまさに目の前でオルガンを弾いているのが見えるようです。降ってくる雪の音は、無音の世界に近いというのに……。

ご存じのように、日本語では、文字表記に、漢字、カタカナ、ひらがな、ローマ字の四種類を使います。これらの文字の視覚的な側面が、わたしたちの音の響きへの反応に影響を与えます。しかし、このようなことは、英語のようなアルファベットだけの言語には存在しません。もっとも当然ですが、言葉を聴いても文字が読めなかったら、このような「視覚的な音の認識」は起こりえません。

言葉は、言葉同士が関わって生まれる流れや緊張、調和によって成り立っているものです。言葉の響きの美しさも、たった一つの音だけではなく、他の音との関係のなかで生まれてきます。言葉同士が醸し出す調和あるいは不調和が意外であればあるほど、わたしたちはより情緒的な反応を示します。言葉の響きの美しさはわたしたちの耳の内部に届いて、直接心に伝わってきます。言葉の響きをどのように感じるかは、わたしたちが音楽を聴くときとまったく同じなのです。

言語において、ある言葉の音の響きと意味はたがいに親密に結びついていて、わたしたちが言葉に反応する過程で無意識に強い影響を及ぼしています。

だれかが怒り狂って、あなたの目の前で「もう……、もう！　もうっ！」と叫んだとします。それを聞いたら、だれも心地よいなどとは感じないでしょう。日本語の豊かな表現でいえば、あなたに対して、まさに堪忍袋の緒が切れそうなことがその言葉によって示されているからです。

でも、まったく同じ響きをふくんだ、小林一茶《こばやしいっさ》のすばらしい次の俳句を見てみると、

牛《うし》モウモウモウと霧《きり》から出《で》たりけり

ここでは、「モウモウモウ」という牛の擬声語の繰り返しと、この鳴き声に比べて鋭い音を伴った、「霧」という言葉の対照によって、衝撃的なまでに美しいイメージが生まれています。しかし、「霧」という言葉の意味がもたらす印象は、むしろぼんやりとしてやわらかなものです。

この俳句がもたらす映像のイメージは、まるで偉大なフランスの画家、モネの絵画のようではありませんか。

そう、一茶は印象派画家だったのです！

また別の俳句の巨匠、正岡子規は、一茶が「モウモウモウ」の俳句でやったのと同じことを、ある俳句で見事に表現しています。両者に違いがあるとすれば、一茶の牛が霧のなかから鳴き始めたとしたなら、子規のセミは彼のまわりのいたるところで鳴いていたということでしょう。

つくつくぼーしつくつくぼーしばかりなり

無数のツクツクボウシの鳴き声だけではありません。その姿までがありありと見えてくるではありませんか。

一茶や子規の俳句とある種の好対照を見せているのが、与謝野晶子の短歌です。音が創り出すイメージに関していえば、彼女の短歌はより上品で示唆的です。それは、漢字との対照で、ひらがなを実に効果的に使っていることとも関係していると思います。

実際、ひらがなの役割は、やわらかでまろやかな、女性的なイメージを音に与えますが、それは平安時代から続いてきたものです。与謝野晶子は、『源氏物語』の現代語の訳者としても知られていますが、まさに明治時代に蘇った平安の詩人だといえるでしょう。

きけな神《かみ》　恋《こい》はすみれの紫《むらさき》に　ゆふべ《ゆうべ》の春《はる》の讃嘆《さんたん》のこゑ《こえ》

おお、胸が震えるほど美しい！　愛への賛美歌のようです。

それにしても、この短歌の日本語の美しさは、いったいどこからきているのでしょう？　書き言葉という視点からいうと、字面、つまりひらがなと漢字の組み合わせが、心地よく流れるように続いて、すんなりと読めるところにあります。

しかし、ほんとうの美しさは、日本語の音色にあります。冒頭の「きけな」と次の「恋」に見られる「k」の響きの繰り返し、さらに「紫」の「き」、最後の「こゑ」の「こ」と再び「k」の響きが続きます。

しかし、この短歌の美しさは音の響きからだけ生み出されるのではありません。音の響きが美を生み出すmetaphor《メタファー》（暗喩《あんゆ》）をもたらしているのです。

metaphorという英語の言葉は、もともとギリシャ語で「向こう側に運ぶ」という意味です。言葉を換えれば、暗喩は、ごくありふれた音をすばらしいものに換える効果があります。

この詩の美しさの核は、「恋はすみれの紫」という暗喩にあります。恋は、紫色のすみれのようだけでなく、目に映った春の夕べの紫の色のようでもあるということです（あるいは、春もまた、青春の暗喩として、若き日の恋をたとえているのかもしれません）。

この一篇の短歌のなかに、晶子はなんと純粋な情感をこめているのでしょうか。しかもそれらは、すべて暗示的かつ間接的な表現で語られています。

あるがままの自然の音を聴くことができた天才

このように、すぐれた詩人たちの作品から、毎日あたりまえのように話している日本語の言葉に隠されている美しさが見えてきます。言葉の響きのなかに内包されている美しさは、その宝の箱のありかを示す地図を詩人たちが遺《のこ》してくれていなかったら、ずっとわたしたちの目に触れないままになってしまったことでしょう。

そして、日本の詩人や作家のなかで、だれよりもすばらしい地図を遺してくれたのが、宮沢賢治でした。賢治はしかし、地図だけではなく、目もくらむような光を永遠に発し続ける光源をわたしたちに与えてくれました。そのまばゆい光は、万物の存在のなかに美が宿っていることを照らしてみせてくれるのです。

すみやかなすみやかな万法流転《ばんぽうるてん》のなかに
小岩井《こいわい》のきれいな野《の》はらや牧場《ぼくじょう》の標本《ひょうほん》が
いかにも確《たし》かに継起《けいき》するといふ《いう》ことが
どんなに新鮮《しんせん》な奇蹟《きせき》だらう《だろう》

ここでもまた、書き記された言葉が、話し言葉のなかに潜む響きの美しさに到達する道を示しています。そして、日本語の、いや、わたしが知るすべての言語の詩人や作家で、賢治ほど美しく、自然の音やそこに暮らす人間たちの居場所について書き記した者はいませんでした。彼の一番長い詩「小岩井農場」から引用したの右の文章は、その意味を理解するのに一見むずかしそうに思えますが、実はとても簡単なことを言っています。

「万法流転」とは、すべてのものは永遠に変わり続ける、という意味の仏教の言葉です。自然界にはとどまっているものなど何もありません。それをきちんと理解すれば、わたしたちは自然のなかで調和して生きていくことができます。

賢治にとっては、見るものすべてが標本のようなものでした。つまり、自然界の物や現象が

「過去」「現在」「未来」と形を変えながら存在し続け、「現在」に標本の形としてわたしたちの眼前に立ち現れること、それこそがまさに「新鮮な奇蹟」であると言っているのです。

この詩の一つひとつの言葉は、ほとんど完璧なほどの美しさで心にせまってきます。冒頭の「すみやかな」の反復、「こ、き、の」という音を伴って構成された「小岩井のきれいな野はら」という文章の流れるような響き、「s」の繰り返しを使った「新鮮な奇蹟」という抒情的な音の響き。

これらの言葉は、どうしてこんなにも美しく感じられるのか？　それは、日本の散文や詩の世界における天才――どこにいても、あるがままの自然の音を聴くことができた宮沢賢治によって創造されたものだからです。

賢治は、日本の詩人たちのなかで、最も自然と「共振する」耳をもっていた人でした。

日本語という特殊言語を、世界の「普遍言語」にまで高めた宮沢賢治

美の作曲家、賢治が創造した言葉の響きについて、もう少し深く探ってみましょう。

賢治は、だれよりも擬声語、擬態語、擬情語に精通し、言葉の音を自在に操る見事な技で、わたしたちに宝箱（言葉の響きのなかに内包されている美）にたどりつく道を指し示しているのです。

『銀河鉄道の夜』の一節です。

そしてジョバンニはすぐうしろの天気輪の柱がいつかぼんやりした三角標の形になって、しばらく蛍《ほたる》のように、ぺかぺか消えたりともったりしているのを見ました。それはだんだんはっきりして、とうとうりんとうごかないようになり、濃い鋼青《こうせい》のそらの野原にたちました。いま新らしく灼《や》いたばかりの青い鋼《はがね》の板のような、そらの野原に、まっすぐにすきっと立ったのです。

「ぼんやり」「ぺかぺか」「だんだん」「とうとう」「りんと」「すきっと」などの擬態語によってつながっていく言葉は、すべて、音や、物、心の状態を表現していきます。

こういった音が、わたしたちの頭のなかに、視覚的で情緒的な絵を描き出し、わたしたちがジョバンニと一緒にそこにいるような感覚へと導いてくれます。さらにそこで見えてくるのは、日本語の美しさだけでなく、日本人の意識のなかでどのように音が響き合うかということでもあります。

でも、賢治のすぐれて創造的な日本語の最もすばらしい点はどこにあるのでしょう?

それはこういえるでしょう。

宮沢賢治は、日本語を「日本」という国の枠を超越したところまで昇華させた、と。

具体的に説明しましょう。

一見すると、賢治はいわゆる「地方の」という意味と「都会的でない、洗練されてない」という両方の意味の「田舎の」作家のように思えます。

実際に一九六七年、わたしが日本に最初に来たときには、多くの文芸批評家や学者たちが、地方作家賢治の素朴さを評価していました。彼の作品の「素朴な」イメージばかりに目を奪われていたのです。ところが現実には、賢治はほんとうの意味でコスモポリタンでした。実際に日本の外に旅したこともなく、都会人のような「世なれた」個性などとは無縁でしたけれど……。それでも、彼は「世界のひと《コスモポリタン》」でした。

彼の作品のすべてに表現されている理想的な社会のありようは、宇宙的なものです。

賢治の目は、当時の日本人すべての頭脳をはるかに超えたところを見つめていました。そして、狭く限られた「日本人のアイデンティティ」には、関心を示しませんでした。

彼がたえず意識のなかで問い続けていたのは、動物や植物といった有機体もそれ以外の無機物もふくめた、あらゆる形の命のありようでした。そして、賢治は日本や世界だけでなく、さらに遠く宇宙にまで、大きなおおきな網を打ちかけていたのです。

もちろん彼は日本語を使っていますが、その日本語は、もはや日本と日本人のアイデンティティの枠を超えてしまっているのです。

賢治にとっての言語とは、人間がいつどこにいても自然と語り合うことができる媒介(道具)

です。だからこそ、彼は独特の日本語を創造することができたのです。彼にとっては、言語は民族の暗号などではなく、自然をそのまま再創造するための媒介（道具）だったのです。

これらのわたくしのおはなしは、みんな林や野はらや鉄道線路やらで、虹《にじ》や月あかりからもらってきたのです。

ほんとうに、かしわばやしの青い夕方を、ひとりで通りかかったり、十一月の山の風のなかに、ふるえながら立ったりしますと、もうどうしてもこんな気がしてしかたないのです。ほんとうにもう、どうしてもこんなことがあるようでしかたないということを、わたくしはそのとおり書いたまでです。

この一節は、大正一二（一九二三）年一二月二〇日に賢治が存命中に出版した唯一の物語集『注文の多い料理店』の冒頭ですが、最後のところにご注目ください。「そのとおり書いた……」と彼は記しています。賢治はここで、自分は自然の森羅万象の記録者、つまり音響係であると断っています。彼のこの姿勢が、その日本語の使い方に大きく作用しています。

彼は、まさに日本語で宇宙の音を記録し、再創造していたのです。

日本人の国民性の枠を超えたところにまで導かれた日本語

光の力の表現に関していえば、日本文学のどこを探しても『銀河鉄道の夜』の一節の美しい描写にかなうものはないでしょう。

> するとどこかで、ふしぎな声が、銀河ステーション、銀河ステーションと云《い》う声がしたと思うといきなり眼の前が、ぱっと明るくなって、まるで億万の蛍烏賊《ほたるいか》の火を一ぺんに化石させて、そら中に沈《しず》めたという工合《ぐあい》、またダイアモンド会社で、ねだんがやすくならないために、わざと穫《と》れないふりをして、かくして置いた金剛石《こんごうせき》を、誰《だれ》かがいきなりひっくりかえして、ばら撒《ま》いたという風に、眼の前がさあっと明るくなって、ジョバンニは、思わず何べんも眼を擦《こす》ってしまいました。

登場人物は、だれもが知っているジョバンニとカンパネルラという名の二人の外国人です。賢治が普遍的な作家であることは、彼が人類のために思い描く理想の社会のありようからもいえることです。そして、その理想の社会は、「雨ニモマケズ」から読みとることができます。

そこには、挑みかかってくる自然の力に対峙する人間の姿が描かれています。

雨が強く打ちつけ、彼を、人間を打ち負かそうとします。地面は干ばつにあえぎます。そんな逆境にも負けず、彼は「イッテ」人を助けようとします。あえて他者の怖れ《おそ》（と希望）を自ら引き受けることで自分の怖れを克服し、その力によって、彼は普遍的な人間になろうとします。

このような意味で、賢治は日本語を創造しているだけでなく、普遍的な言語、世界中の人にも理解できる「世界言語」を生み出しているといえます。

実際に多くの日本人が、英語で賢治を読んだらその作品の本質がほんとうによくわかったとわたしに語ってくれました。賢治の作品は日本語で読むとむずかしいのに、他の言語で読むとてもわかりやすいといわれる理由の一つは、そこにあるのかもしれません。

日本人は、耳に入ってきた日本語の言葉を、すぐに現代の日本社会の枠のなかだけに当てはめようとしますが、これは世界中の人がみな自分の言語でしていることでもあります。

しかし、賢治の言語は初めから単に日本だけに根差しているものではないため、日本人には即座に理解することがむずかしいのだといえます。二一世紀の現代日本人は、だんだんそうなってきていると思いますが、もしあなたが、真にコスモポリタンで普遍的な感性をもっているなら、賢治の言葉はまったく「自然に」聞こえ、すぐに理解できるでしょう。昔より今のほうがより多くの人に賢治が理解されるのはそのためだと思います。

つまり、賢治の精神を共有することができる日本人がいまやたくさんいるということです。賢治の精神、それは、自然と調和して共存すること、そして思いの上でも行動でも、他者への共感を示すことがいかに大事かという認識に根差した精神です。

賢治は、この世界、この宇宙に存在するあらゆるものとの普遍的な対話の媒介（道具）として日本語を使った、日本で初めての書き手です。そして、日本人の国民性という枠を飛び越えたところにまで、日本語を導いていったのです。


逆説かといわれれば、そうかもしれません。

しかし、人間の言葉が逆説への旅でないとしたら、いったいなんだというのでしょう……。

賢治は「小岩井農場」のなかでこう記しています。

　　こんなしづかな《しずかな》めまぐるしさ

第五章 「世界語」（リンガ・フランカ）としての日本語

かつての植民地化時代、その可能性はあった

本書の冒頭で述べたように、多種多様な言語は、地球全体に広がっていきました。その昔いったいいくつの言語があったのか、その数はだれにもわかりません。科学的な方法を使って言語を研究するようになったのも、ごく最近のことです。現在、六五〇〇、いやおそらく七〇〇〇の言語があるといわれていますが、そのうちの三分の一ほどについていえば、その言語の話者は一〇〇〇人もいません。

パプアニューギニアは面積が日本の約一・二倍程度のやはり小さな国ですが、たったおよそ七〇〇万人の住民がなんと八〇〇もの異なる言語を話しています。これは、現在同じ国に住んでいても、異なる言語を話すことで「彼ら」と「わたしたち」を区別している例だといえます。パプアニューギニアには密林や高い山が点在しています。この国のなかで、言語はいまだ「わたしたちと同じ民族」かどうかを判断する重要な要素になっているのです。

母語話者《ネイティブ・スピーカー》の数でいえば、日本語は、世界のなかで九番目の言語になります。北京官話《べきんかんわ》（中国の標準語）が一番多く、英語は母語話者でない数もふくめると、北京官話（マンダリン語）よりも多くの人間が話しています。しかし、日本語には今よりもっと多くの「母語」話者がいたといえる時代もあったのです。

これは「母語」をどのように定義するかによって変わってきます。わたしが、母語の定義と

言葉が使われる文脈についてすでに述べたことと関わりますが、日本語の場合、歴史的背景がそれにあたります。つまり、日本がかつて大日本帝国であった時代に支配下にあった人たちは、日本語を母語とするように「再教育」されたのです。

「日本国」から「大日本帝国」へと領土を拡大することは、今では否定的な見方で受けとめられています。しかし、明治時代の日本の人々にとっては、まさに国民的な願望だったのです。

ヨーロッパのような「帝国」を築くことへの期待が、やがて国力の誇示から悪質な軍事力に転じました。ときに日本の成功は、国家の強力な発展と近代化を強く望んでいた非ヨーロッパ人には、実に魅力的なお手本になったのです。

非白人の非キリスト教徒である日本人が、世界の権力を独占している西洋に肩を並べることができるようになっていたなら、世界における民族の階級やヨーロッパで確立された支配の構造は一挙に意味を失っていたでしょう。

日本は、近代化された強力な国家になるには、必ずしも白人のキリスト教徒でなくてもよいのだということを、証明できたかもしれなかったのです。実際、他の近代非ヨーロッパ諸国にさきがけて、日本は奇跡的な国力増強を成しとげました。

だいたい一二〇年ほど時代をさかのぼってみましょう。

当時世界で最も賞賛されていた国々は、英国、フランス、スペイン、ドイツ、イタリア、ポルトガル、ベルギーなど、領土の侵略によって帝国を拡大している国家でした。これらの国々は、アフリカやアジア、ラテン・アメリカや環太平洋や大西洋、インド洋の島々など、自分たちより「文明化されていない」人々を、強制的に彼らの支配下におきました。

そして、征服した国や地域の人々を服従させる最大の武器が、征服者側の言語、つまり、英語、フランス語、スペイン語、ドイツ語、イタリア語、ポルトガル語などだったのです。

実際、植民地主義というのは、何よりもまず、勝利者の言語を流布させていく力だとわたしは思います。銃だけで人を服従させられる期間は限られています。もし植民地の人々に力があれば、当初、征服者がその地域に及ぼしていた経済力を奪い取ることも可能です。しかし、その土地の言語を奪い、自分たち征服者の言語に取り換えれば、たとえ征服された者たちが革命を起こしたり、ある時期、征服者たちの文化を拒否したとしても、征服者たちに植えつけられた言語にずっと左右され、思いのままに操られることになるでしょう。

民族固有の言語を破壊することほど、大きな文化の破壊はありません。アメリカ大陸やオーストラリア、そして日本の場合であれば、先住民族であるネイティブ・アメリカンやアボリジニ、アイヌの人たちのことを考えてみてください。彼ら独自の言語のいくつかは今も使われていますが、ほとんどみな英語かスペイン語か日本語に取って代わられています。

もともと非常に豊かな文化と生活習慣をもっていた先住民たちは、いまや色とりどりの織物や、木彫を製作するだけの「生きた作り物」のように扱われています。生きた言語なくしては、文化も「作り物」に退化してしまうのです。これはとても悲しく、ゆゆしき事実です。

わたしは、彼らがもともともっていた輝かしい文化を、なんらかの方法で取り戻してほしいと願っています。しかし、彼らのもともとの言語が失われてしまっては、それはほぼ不可能といわざるをえないでしょう。

明治時代の人々は、ヨーロッパの植民地主義の力をお手本にして、それをそっくり真似しました。当時の日本人は自ずと、唯一輝かしい帝国主義こそが、国と民族に富と力をもたらすものだと信じこんでいました。そして一八九四年から九五年にかけての日清戦争と、一九〇四年から翌年にかけての日露戦争の勝利のおかげで、日本はほんの二、三〇年のあいだに、世界から孤立していた「僻地《へきち》」を、アジアにおける非常に強力な国家へと転換させたのでした。

「国」という定義に植民地もふくめると、台湾併合後、富士山はたちまち「日本」で高さが四番目の山になってしまいました。台湾の玉山《ぎょくざん》は、一八九七年に明治天皇によって新高山《にいたかやま》と名前を変えられてしまったのですが、その山は富士山よりほぼ二〇〇メートル高い、標高三九五二メートルです。さらに台湾には富士山より高い山があと二つあるのです。

もうおわかりのように、この新高山は、一九四一年一二月八日の真珠湾奇襲攻撃のときに「ニイタカヤマノボレ」という暗号で有名になった山です。

台湾に続いて、次々に朝鮮、満州、中国のいくつかの都市と東南アジア、南アジア、南太平洋の国々が大日本帝国に併合されました。一九三〇年代の終わりごろまでに、こういった場所のすべてに、現地でも「国語」と呼ばれた日本語と、日本語教育が課されました。その一つである朝鮮では、ある時期、国民はみな元の名前を捨てて日本語に改名することを強制されました。

第二次世界大戦が終わるずっと前から、そして戦後も、日本では、外国人が日本に帰化するためには、すべて日本の姓名に変えさせる政策をとっていました。

一九七〇年代、ちょうどわたしが真剣に「日本人になる」ことを考えていたとき、日本名は「林万里男《はやしまりお》」か、(親友の名前にちなんで)「井上《いのうえ》ひろし」がいいと思っていました。結局、わたしは作家として「近藤覚三《こんどうかくぞう》」という完璧な名前を思いつきました。出版社からの引き合いがあったときには、その名前を言っただけで出版が決定になるわけだ!

もし日本語が植民地で国際語化していたら、日本語はどうなっていたか?

アジアと太平洋を中心とした日本の植民地時代に、国語の教師たちは、日本語を覚えようとせずに自分たちの言葉を使う生徒たちを殴ることまでしたそうです。その狙いは、ヨーロッパの植民地下にあった言語を、まず日本語に変え、それによって新たに日本の植民地支配を根づかせることでした。

次の目的は、現地の言語をも完全に日本語に取って代えることでした。現地の人間を服従させ、大日本帝国とその文化に従順になるように仕向けるには、言語が最も強力な武器になることを、当時の日本の植民地支配者たちはちゃんと認識していました。日本は、ヨーロッパの植民地支配となんら変わらない言語政策を進めていたのです。

日本の植民地下のアジアや太平洋地域の人々が、国語を強要されることを通して「日本人」化されていく過程は、インドや現在のスリランカの人々――特に上流階級の人たち――が「英国風」に変えられたり、南米では「小スペイン」や「小ポルトガル」人というものに作り替えられていったのと同じでした。ただし、日本の場合は、植民地時代があまりにも短期であったため、「異国の地」に「国語」を根づかせることのないまま終わってしまったのです。

わたしは一九六七年、韓国で一カ月滞在したときに、この日本の言語政策の影響とでもいえる個人的な体験をしました。わたしは現地で、日本語で人々と話をしたのです。おおよそ三五歳以上の人ならほとんどだれでも、当時のわたしがかなわないほど流暢な日本語を話しました。

一九六八年五月には、台湾に一〇日間滞在しました。そのときもまた、わたしは年長世代の人たちのなかに多くの日本語の「母語話者《ネイティブ・スピーカー》」がいることに気づいたのです。

手短に日本の植民地政策を紹介しましたが、言語が世界でいかに大きな力を発揮できるかが、ある程度おわかりになったと思います。言語の力に勝《まさ》る力はありません。

英語はいまや世界の国際言語になっていますが、それは何より大英帝国の世界制覇によるものです。日本より人口も国土も小さな英国は、海を越えて「新大陸」のアメリカに英語を移植して、そこに一三もの植民地を作り上げました。こういった植民地は新たな国家となり、まさしくアメリカ合衆国は、さらに強制と交渉による説得と高度な技術、あるいはこの三つを実に狡猾《こうかつ》に組み合わせて、英語を世界中にまき散らし、次の新たな世界帝国になったのです。武器、宗教、映画、ライフスタイルとインターネット……。こういったものが英語とともに他の国に上陸したのでした。

日本が、同じようにうまく日本語を世界中に移植できていたとしたら、どうなっていたでしょうか？

「日本語」を話すということと「日本人」であるということの意味はどうなっていたでしょう？　肌の色や文化、慣習などの違いから、日本人の多くが「日本人」であるとはみなさない人たちが、現実的に「日本人」になった可能性があったのではないでしょうか。自分たちの「輝かしい植民地主義」が根づいて何十年も続いたとしたら、日本人はそれにうまく順応して、日本語という言語の変化に深い影響を及ぼしたことでしょう。

外国人にとって日本語が最も便利なのは不思議なことか？

二〇〇一年の一一月、わたしは東大の国際シンポジウムに参加しました。「異文化理解の視座」というテーマで、日本だけでなく世界からパネリストが招かれました。あるパネル・ディスカッションが終わったところで、わたしは、イタリアで日本文学の翻訳者として著名な友人、ジョルジョ・アミトラーノと話をしていました。彼がその作品を翻訳した吉本《よしもと》ばななはイタリアでもとても有名なベストセラー作家でした。

実際、ばななさん本人が、わたしたち二人が話しているすぐ横に立っていました。じっとわたしたちの会話を聞いていたのですが、彼女の顔には何ともいえない当惑した表情が浮かんでいました。わたしは彼女に、ジョルジョとわたしが話していたことについて——何のことだったか思い出せないのですが——どう思うかと尋ねました。彼女はただ首を横に振るだけで、目には当惑をさらに超えた、なんとも奇妙な表情を浮かべていました。

「どうかされたのですか」

とジョルジョがばななさんに尋ねました。

「具合でも悪いのでは……」

ばななさんはまた首を横に振りました。

「いいえ。ただ、お二人が日本語でしゃべっておられるのを聞くと、なんだかおかしいというか、不思議な感じがして……」

その通り、ジョルジョとわたしは日本語で話していました。わたしたちのあいだでは、日本語こそ、おたがい話をするときに一番自在に話せる言語だったからです。

想像してみてください。ハリー・ポッターシリーズを書いたJ・K・ローリングの作品を翻訳した日本人とロシア人が、ある国際会議で出会ったとします。その場合、二人が会話するときには、英語で話すのがごく自然でしょう。英語ではなく、日本語かロシア語で話すのはきわめて考えにくいことです。ローリング自身が、その会話を聞いたとして、彼らが英語で話していることに違和感を感じるでしょうか？　もちろん、そうではないでしょう。彼らの共通言語が英語であるほうが、しごくあたりまえだからです。

もし日本語が国際化したら何が起きるか

では、なぜ日本人は、外国人同士が日本語で話していると不思議に思うのでしょうか？

わたしには四人の子どもがいますが、彼らはみな日本で生まれ育ち、日本の学校に通いました。四人とも日本語を母語とする日本人と同程度の日本語を話します。妻は英国のリヴァプールの出身ですが、やはり流暢な日本語を話します。家族同士でもわたしたちはしばしば日本語で話をしています。英語で会話しているときでも、そこにときどき日本語が交じるのです。

"Someone take the **ゴミ** out!" とか、"I'm making **おにぎり** for the **弁当** for the **遠足** today." といった具合に（パルバース家の英語は、まあ、こんな感じですから、どなたかちゃんと英語を勉強したいと思ってホームステイしたい方がおられたとしても、ちょっとお役には立てそうにありませんので、あしからず）。

日本語もたくさんある世界言語の一つなのですから、それが英語やスペイン語、フランス語のように国際言語になりえない理由などどこにもありません。

かつてのアジアや太平洋における日本の政策がもっと友好的かつ平和的なものだったら、またヨーロッパ列強が支配をあきらめていたなら（実際、彼らは戦争抜きで支配するということなど論外でしたが）、日本語は今の国境線のはるか外側の領域にも広がっていたに違いありません。

もし、そのようなことになっていたら、日本語を「母語話者《ネイティブ・スピーカー》」としない人々も、日本語を「国語」として使うようになっていたでしょう。

とすると、その次に起こるのはいったいどんなことでしょう？

他の言語の例を見ることで、それを考えてみましょう。

今の世界を見れば、英国人でない人でも、英語を母語として使っています。スペイン人でない人も、同様にスペイン語を母語として使っています。しかし、ずいぶん長い時間がたってからでさえ、もともと自分の言語の「正真正銘の」話者たちは、他の国で「彼ら」の言葉として使われる同じ言語を見下していました。たとえば、英国人たちは、アメリカ人やオーストラリア人の英語の「訛《なま》り」やそのしゃべり方から、長いあいだ、彼らの英語を自分たちのものより一段低いものとみなしていました。

しかし、やがて、こういった偏見はなくなっていきました。とりわけ「植民地」であった国の人々が経済的にも政治的にも成功して、「自分たちの英語」を世界中に広げていく時代になったからです。そうやって、新たな言語が旧い言語を変えていく道筋ができるのです。

英国にいる人々、つまり、もともとネイティブな英語の話者たちも、今では自分たちの英語のなかにアメリカ的な英語の単語や表現をたくさん取りこんでいます。アメリカのテレビ番組を見て、アメリカ人のジョークを笑います。

ついに、いわゆる「標準の」英語という言語がなくなってしまったのです。

同じことが日本語や日本人に起きるとは想像しがたいですが、そのようなことを、一度まじめに考えてみてほしいと思います。日本語に限って、そんなことなど絶対に起こらないと言い切れるでしょうか。

日本には、今も多くの方言が存在しています。でも一方で、「中立」の日本語もあります。それが標準語と呼ばれるものです。

しかし標準語は、実際のところは中立だとはいえません。もともと東京の山の手で使われていた表現が、国家によって、ある時期から突然、標準語として採用されただけのことにすぎません。

日本では、標準的な日本語を話さないと、訛りがあるというように言われます。一方、英語では、訛りはしばしば言葉のアクセントとしてとらえられるにすぎません。もちろん、訛りとアクセントには本質的な相違があります。英語では、英国であれアイルランドであれアメリカ合衆国であれカナダ、あるいはオーストラリアやニュージーランドどこの地域であれ、それぞれの地域のアクセントがあります。つまり、標準的な英語というものは存在しないのです。いまや英語の「母語話者《ネイティブ・スピーカー》」は、世界のさまざまな地域で生まれ、そこで生活しているということです。

まったく同じように、日本がもし時代を超えて日本語を海外に移植していくことに成功したとしたら、標準的な日本語というものはなくなるでしょう。

暗号「ニイタカヤマニノボレ」の司令が成功した可能性、そしてまた日本が真珠湾攻撃を取りやめた可能性を考えてみてください。七〇年以上たった今でも、ハワイの人たちは英語の代わりに日本語を話していたかもしれません。もし、ハワイがハワイ県になっていたら、そこで使われる日本語は、日本語の方言を話す人たちの日本語以上に、「標準語」とはほど遠い日本語になっていたでしょう。

今、日本人自身が日本語への意識を変える時代が来ている

わたしは、日本人がよりアメリカ的になってほしいとか、今とは異なる国民性をもってほしいといっているのではありません。わたしは日本特有の生活のスタイルや文化を深く愛しています。

しかし、日本が未来の繁栄を願うのであれば、まず日本人自身が、日本語という言語への意識を変え、理解を広げ、深めなくてはいけないと思います。日本人が、自分たちの社会のなかで、非日本人が日本語を話しているのを不思議だと感じているのが、奇妙に思えます。

しかし、それは単に、日本人がいまだに国際的な視野をもてないでいることを示しているの

ではないかと思います。「外国人」が日本語を話しているのを耳にしても、目をぱちくりさせないような日が来たら、そのときこそ、「国際的な視野をもつ」国民が現れたといえるのではないでしょうか。

国際的な視野をもつことの第一歩（そこから自ずと外の人間との関係が構築されていきます）は、自分自身の言語や文化に対しての視野を国際的にすることです。そしてそのためには、まず日本人が日本語の本質を真に理解することが必要です。

日本文化と日本語を愛する人間として、ここで、何よりもみなさんにわかっていただきたいことをはっきりと申しあげましょう。

日本の国際化は、英語で始まるのではありません。日本語で始まるのです。

そして、ニューヨークからでも北京からでもなく、東京から大阪から札幌から、花巻から那覇から、日本のあらゆる都市や町や村から始まるのです。

言葉はわたしたちの存在を超えて生き長らえていく

ＮＨＫの復興支援ソング「花は咲く」が、プロ、アマチュアを問わず、日本中のたくさんの人が歌うヒット曲になりました。さらに海外にまで知られるようになりました。ウィーン少年合唱団の少年たちは、この曲を日本語で美しく歌いました。イギリスの四人組ヴォーカル・グループ「イル・ディーヴォ」は、わたしが作った英訳詞バージョンを歌っています。

花は　花は　花は咲く
いつか生まれる君に

わたしの翻訳した英語では……、

Flowers will bloom ... yes they will ... yes they will
For you who are here or yet to be born

わたしは、日本語の歌の「花」の代わりに、yes they will を二度繰り返すことにしました。そして二行目には、今ここに生きている人も加えました。これは、歌詞を音楽のリズムに合わせるためです。

「花は咲く」は、二〇一一年三月一一日と、その後も被害が続いた東日本大震災と津波で亡くなった人たちに、声を与えています。その人たちの命は失われたかもしれませんが、「これから生まれてくる」人たちへの希望は失われていないのです。

時の流れのなかで、わたしたち人間は多くのものを手渡していきます。幸運にも子どもに恵まれれば、わたしたちは彼らに、わたしたちの遺伝子を手渡します。子どもがいない人であっても、生きている仲間に、そして次の世代に愛を伝えます。財産を持っていれば財産を遺します。わたしたちの寝ぐらに、いつか、だれか別の人が眠ることになります。

わたしたちは、今まで守ってきた風景や、やがて一つに集まって巨大で精巧な自然界の網を創り上げていく、鏡のような露のしずくの一本一本の糸すべてを手渡していきます。

そしてまた、わたしたちは言葉を手渡すのです。幸運にも言葉を書き記すことができたら、それを紙に書くこともあれば、サイバースペースのどこかに記すこともある。手紙やメール、あるいは何かの説明書きや古い写真の裏側の日付けにも、言葉を記す。あるいは、DVDのようなものにイメージと声を残す。それはみなすべてわたしたちがこの世からいなくなったあとにも残るのです。そうして、言葉はわたしたちの存在を超えて生き長らえていきます。それはまさにすばらしい奇跡のようなことです。

わたしたちは、わたしたちの言語を手渡していきます。わたしがこの本の冒頭で、澄んだ池の底に沈んでいる美しい石にたとえたものを。

水は水晶のように透明で、「せわしくせわしく明滅」する万華鏡のなかの宝石のような水底の光、つまり、わたしたちの言葉を、見ることができるのです。

日本人が外国語を理解できるなら、外国人も日本語を理解できる

これからこの池を守るのは、今の若者たちです。彼らはみな水のなかに入って、遊んだり水

底をのぞきこんだりします。

どこの国でも、年長者たちは、言葉が乱れてきていると嘆きます。ある意味においては、まさにその通りです。

言語は、まさに前のものが分裂を繰り返しながら変化していくのです。今の日本の年寄りたちも、かつて若かったときには、年長者から同じことを言われてきたはずです。きっとその前の世代も、さらにその前も。

その国の若者たちが言語を自分たちの手のなかに入れて自分たちが思うように自在に使っていかなかったら、自分たちの新たな文化を創り出していくことなどできません。そうしたら一国の文化そのものも力を失い、消えていってしまうでしょう。わたしたちの文化が生き続けていけるかどうかは、わたしたちの言語の言葉の力と活気にかかっているのです。

わたしと妻のスーザンは、バイリンガルになることで二つの文化を身につけました。子どもたちは、バイリンガルになることで二つの文化を身につけました。二つの文化の両方に、居心地のよい、自分たちの完璧な居場所を見つけているということです。

それはまた、子どもたちが、これから今までとはまったく異なった国の人たちの「不思議な」風習に直面することがあっても、その国にはその国独自のやり方があると受けとめられるということでもあります。

なぜなら、オーストラリア人であるにもかかわらず、子どもたちは自分の生涯で日本語と日本人を理解する機会を与えられたという特権をもつことができたからです。

たいていの日本人にとっては、このようなチャンスをもつことなど、かなりまれなことでしょう。ごくふつうの日本人はたった一つの言語しか話しません（わたしも二〇歳までそうでした）。そしてまた、バイリンガルになれるように、自分の子どもたちを海外で育てる機会をもつことも決してそんなに多くはないでしょう。それに、海外に長くいすぎると、子どもたちは日本社会でちゃんと通用する日本語を学ぶ機会を逸してしまうかもしれません。

とすると、いったいどうすれば、子どもたちの視野を広げて、世界中のさまざまな人たち、彼らの風習や行動様式、多様な表現の世界などに目を向けられる人間に育てることができるでしょうか？

答えはこうです。

まず初めに、自分たちの言語である日本語が、人間同士の意思疎通の単なる一つの方法に他ならないということを理解させることです。日本人が外国語を理解して話すことができるなら、外国人もまた日本語を話し、日本を理解することができるはずです。

日本語が外国人には解読できない暗号だと信じこんでいる人は、外国語という美しい宝石が底に沈んでいる池の淵で、ただずっと立っている羽目になるでしょう。あなた自身が他者に閉ざしていたら、他者もまたあなたを招き入れてはくれません。

日本語が世界語(リンガ・フランカ)になれる数々の理由

この本の最初のほうで、わたしは日本人のなかには、日本語は外の人間には解読できないものだと信じている人がいると言いました。しかし、ここ何年かを見ると、日本人の意識は明らかにずいぶん変わってきたのではないかと思います。外国人も同じ美しい池のなかに深く潜ることができると考える日本人が出てきたのです。水底にある日本語と、日本の文化の驚きに満ちた万華鏡までたどりつくのに、もはや何の障害もないと。

このことは、日本の未来を如実に物語っています。

本書ですでに指摘したように、ある言語の美しさ、深さ、そして「それを理解することが可能かどうか」を判断するには、言語は中立であるということを基本において考えなくてはなりません。

自分たちの言語は、日々の生活のなかで意識するあらゆること、そしてまた現実の世界をとらえる方法とあまりにも密接につながっているがゆえに、それを客観的に見るというのは、とてもむずかしいことです。

文化、歴史、民族、宗教……こういったものはすべて、わたしたちが母語でたがいに話をするときに何かしらの役割で関わっています。このようなさまざまな要素が複雑にからみ合っている言語を客観的に見るのは簡単なことではないのです。

吉本ばななさんが、イタリア人の友人ジョルジョとわたしのかたわらで、わたしたちが日本語で話しているのを聞いていたとき、わたしには、彼女がとてもおもしろがっていると同時に当惑していているように思えた、と書きました。

それにしても、日本語を母語としない二人の外国人がたがいに日本語で話していたことの最大の問題は何でしょう?

考えてみてください。どうして日本語はそんなに「特別」であるべきなのでしょう?

答えは、特別ではない、ということです。

もちろん、日本人も日本の文化もとても特別なものです。世界のなかでも独自のものであって、わたしも半世紀近くものあいだそれを一所懸命に学んできました。

それは、まさに底知れず精緻で深い言語と文化です。

しかし客観的に見ると、日本語は、その柔軟性と、日常的に使う語彙の少なさゆえに、多くの外国人にも簡単に使うことができる言語なのです。

言うまでもなく、わたしよりはるかに言語学にくわしい数多《あまた》の研究者たちによって、日本語についての膨大な数の本が書かれてきました。その多くは、たとえば名詞がドイツ語やロシア語のように男性名詞、女性名詞に分かれていないことなどを指摘した内容です(ところで英語では、ほんのわずかの例外をのぞいて、やはり日本語のように、名詞に男女の区別はありません)。さらに、他の外国語と違って、日本語では複数形をあまり使わないことも説明しています。

「子どもたち」「われわれ」「人々」「ぼくら」、そして「樹々」などは一般的ですが、日本語では、話者が何かを単数で言っているのか複数で言っているのかを判断するのはしばしば不可能です。

何年か前に、わたしはある美術展の図録の翻訳を頼まれました。しかし、美術館が送ってきたのは、日本語のキャプションだけで、絵の写真はありませんでした。いったいどうやって「枝にとまっている鳥」というのを訳せというのでしょう? 英語では、それが「一羽の」鳥なのか「複数の」鳥なのか、枝は一本なのか数本なのかをを明らかにする必要があり、わたしはとにかく絵を見るまでは翻訳することができなかったのです。

日本語についてよく指摘されるのは、代名詞が主語になるとき、その主語はしばしば省略されるということです。たとえば次のような文では、主語がだれであれ、会話の文脈(状況)から判断して完全に意味が通ります。

「元気?」「おいくつですか?」「行くよ」「きらいっ!」「そうは思わないな」

だれかと話をしているのであれば、だれが質問しているのか、今、何を言っているのかなどはきわめて明確です。ところが、そうでない場合、つまり、先ほどの例のように単に言葉や字句が並んでいるだけだったら、だれの会話かを判断することはできませんね。一つの言語の例ですが、英語の場合、このような会話には、意味を明確にするためにすべて代名詞を入れる必要があります。

しかしこのことで、決して、日本語をむずかしくてとっつきにくい言語になどしていません。客観的に見て、こういった特徴こそが、日本語を簡潔で「短縮形の」言語にしているのです。代名詞を省略する規則がわかれば、日本語は、さらに多くの人にとって、簡単に話せる言葉になるでしょう。

ロシア語やポーランド語のように、性別や人の数によって動詞を変化させる必要がないのも、日本語がだれにとってもきわめて習得しやすい言語である理由の一つです。

すでに述べたように、日本語はかつて簡単に世界言語の一つになりえた可能性があったのです。ある言語が「母語の領域」の境界線を越えて外に広がっていくかどうかは、戦争とか、植民地主義とか、文化の拡大などの歴史的な要因に大きくよっています。歴史が違っていれば、日本語はすでに世界言語になっていたかもしれませんし、標準的な日本語というものもなくなっていたでしょう。

多くの日本人は、それが望ましいことだとは思わないかもしれません。日本人は、「日本人らしい」感覚の表現として「自分たちだけ」の言語をとっておきたいと思っているのかもしれません。わたしには、その気持ちが十分にわかります。

でも、日本語が外国人たちのあいだでたがいの意思疎通をうながす第三の共通言語（リンガ

・フランカ）として使われるようになったとしても、日本語がもっている美しさや深さ、力は決して損なわれることはないのです。

シェークスピアの英語が、大西洋を越えたアメリカにまで伝わり、世界を半周してインドやオーストラリアやニュージーランドにまで広がっていった結果、どれほど豊かな言語になったかを考えてみてください。

そして、会話に限れば、日本語は英語よりはるかにやさしい言語です。この紛れもない、すばらしい客観的な事実を考えれば、もし、日本の過去の歴史が別の展開をしていたら、日本語が世界言語になった可能性は、大いに考えられるのです。

世界に誇る日本語

この本はおもに日本語の話し言葉について考えてきましたが、もちろん書き言葉のことも考慮しなければならないでしょう。

たしかに書き言葉としての日本語は、漢字に多くの読み方があることから、日本人にとっても非日本人にとっても一筋縄ではいかないくらいむずかしいと思います。たとえ日本語が他の国々に広がっていったとしても、おそらくローマ字のアルファベットか、よりありえることとして、カナとローマ字を併用することになったかもしれません（どんなことになっていたかは、知る由もありませんが）。

第三章でくわしく述べたように、日本語の音の響きの美しさは、書き言葉とのすばらしい連携から生まれます。とりわけ、宮沢賢治のような天才たちがそのような美しさを創造したのです。

日本語に限らず、一般の人々は、話し言葉が美しいか美しくないかはふだんあまり意識しないでしょう。もとより話し言葉は、自分の考えていることをできるだけ明らかにかつ効果的に伝えることが目的だからです。他人に自分の感じていることを理解してもらいたい、自分の意見に耳を傾けてもらいたい、人は何よりもまず、そういうことを念頭に話しています。こういった効果的なコミュニケーションを最優先の目的にしているとき、美学にはほとんど出る幕がありません。

ところが、散文や詩を書くときには、言葉の響きと、わたしたちの言葉が描き出す言語的イメージの美しい結合のなかに分け入っていかなければなりません。それを証明したかったので、わたしは、あえて紙面を割いて、日本の創造的な天才たちが生み出した言葉がどんなに美しい響きをもっているか、書き言葉についても触れたかったのです。

それはまた、わたしたちの生活を取り巻いている美の存在を意識するために、わたしたちが作家や詩人を必要としているということでもあります。

二三歳で日本に来てからというもの、わたしは日本文化にどっぷりとつかった人生を歩んできました。日本を学ぶことに人生を賭けたいと思いましたし、世界中の人たちに、「日本」発見の驚きを伝えたいと思ってきました。

日本がなかったら、わたしは作家になっていたかどうかわかりません。日本語を学び、その池の深みに分け入っていくことで、ついに、底にある石の美しさをとらえたわたしの両の目が、そのあまりの輝きにくらみました。これこそが、わたしの人生における至福の喜びです。

わたしは、世界中のたくさんの人たちにも、この美しさを見て味わってほしいと願っています。それを実現するためには、日本人が自分の視野を広げ、その心を世界の人たちに開いて、堂々と「さあ、あなたたちにもわたしたちの言葉がわかる……わたしたちを理解することができる……ここにきて一緒に暮らすこともできる。わたしたちがあなたたちのなかで暮らしていけるのと同じように」と、そう言えるようになるべきだと思っています。

こう思えばこそ、わたしは、「日本語という言語は、世界のだれにでも読まれる、開かれた本なのだということを日本人が理解しさえすれば、日本は真の意味で国際的な国になることができる」と言ったのです。

二〇〇〇年前には、英語がこんなにも広汎に世界中で理解され、使われるようになるとはほとんどだれも予想していなかったでしょう。実際そうなったのは、大英帝国の拡大と勢力のおかげでしたし、大英帝国が衰退し力を失ったあとには、アメリカ合衆国という、軍事力と世界の道徳を掲げる次の帝国の継承者が英語の拡大に貢献しました。しかし、どの帝国とて永遠に続くことはありえません。すでに、わたしたちはアメリカの力が徐々に衰えていることを知っています（アメリカ人が、それに気づいているかどうかは別として……）。

これから数十年のうちに、おそらく英語以外の言語、特に中国語が、より広く世界で使われるようになるでしょう。それは、中国の経済力と国家戦略によるものといえます。

しかし、簡便で柔軟性に富んでいるという性格から、日本語が非日本人にとって、学習したり使いこなしたりするのにむずかしくない言語であることを思えば、日本語が世界の共通言語（リンガ・フランカ）の一つとして非常に重要な役割を果たすに違いないと思います。そしてそれは、日本という国家の「新しい」帝国主義によるものではない形（とわたしは願います！）で起こると思います。

ある二つの条件が満たされれば——そしてその両方ともが明らかに可能なことだと思いますが——それは確実に起こります。

まず一つ目は、日本人が、日本語はある種の「特別な」暗号、日本民族の意思伝達にのみ有効な暗号だという誤った考えを捨てることです。言うまでもなく、日本語の真髄に行きつくためには、日本の歴史や文化の理解を通して、日本語の奥深さを知ることが大切ですが。

しかし、言語というものは、長い時間をかけて、ある民族だけに植えつけられたＤＮＡなどではありません。それは、日本人だけでなく、他の民族においても同じです。言語は、民族のＤＮＡなどではなく、単に後天的に習得するものです。他の言語をあとから習得していくことには、何の障害もありません。ただ、努力が必要なだけです。

二つ目は、日本人として、日本語の美しさの本質が、日本の詩人や作家たちが創造してきた奇跡のような描写、世界や人間の本質についての表現にあるということに気づくことです。

なかでも宮沢賢治は、自然にぴったりと寄り添うことで、自然と一体化した作家です。

彼は、人間は平和と調和のうちに他の生き物と共存すれば、どんな自然現象のなかでも生きていけるのだということを教えてくれました。

たまたま彼が日本人であったおかげで、そのメッセージは、偶然日本語で書き記されたのです。

彼がわたしたちに伝え、遺してくれた言葉は、まさに日本という国の最も偉大な宝物だと思います。そしてそれは、日本が世界に差し出すことができる最高の贈り物の一つです。その贈り物を、おたがいに理解しあえる日本語という言語を介して、世界中に送り届けることができるのです。でも、まず何より、日本人が、そのことを理解することが先決です。

言葉——抒情詩も、深遠な散文も、長い演説や、激しい議論もすべて——、そしてわたしたち人間があらゆる場所で——権力の殿堂でも、世界のどこかの小さな街のみすぼらしい通りでも——聴く音……。

人間のこころの最も美しい表現は、口元の頬笑みとそこからこぼれ出る言葉なのです。

【引用文献一覧】

宮沢賢治著『宮沢賢治全集1』（ちくま文庫）［P97・P104・P105・P110・P150・P157］
石川啄木著『一握の砂・悲しき玩具——石川啄木歌集——』（新潮文庫）［P100］
正岡子規著『病牀六尺』（岩波文庫）［P140］
萩原朔太郎著『萩原朔太郎詩集』（岩波文庫）［P145］
金子兜太著『古典を読む　一茶句集』（岩波書店刊「同時代ライブラリー252」）［P147］
正岡子規著『仰臥漫録』（岩波文庫）［P147］
与謝野晶子著『みだれ髪』（ハルキ文庫）［P148］
宮沢賢治著『新編　銀河鉄道の夜』（新潮文庫）［P152・P155］
宮沢賢治著『注文の多い料理店』（新潮文庫）［P154］

＊［　］内のページは本書での引用ページを示しています。

ロジャー・パルバース

一九四四年アメリカ生まれ。作家／劇作家／演出家。
ハーバード大学大学院ロシア地域研究所で修士号を取得。
その後、ワルシャワ大学とパリ大学への留学を経て、一九六七年、初めて日本の地を踏んで以来
ほぼ半世紀を日本で過ごし、英・露・ポーランド・日本語という
まったく異なる文化的背景から生まれた四カ国語をマスター。
いっぽう、精力的に日本各地を旅し、そこに住む人々や文化、風土、言語の特異性に触れながら、
世界にまれな日本と日本人の特質と独自性に驚嘆。
大島渚監督作品『戦場のメリークリスマス』の助監督などを経て、執筆活動を開始。
著書に、『旅する帽子　小説ラフカディオ・ハーン』（講談社）、
『英語で読み解く賢治の世界』（岩波書店）、『新バイブル・ストーリーズ』（集英社）、
『もし、日本という国がなかったら』『賢治から、あなたへ』（共に集英社インターナショナル）など多数。
深く敬愛してやまない宮沢賢治の作品の英語翻訳にも数多く携わり、
その功績から第18回宮沢賢治賞（二〇〇八年）、第19回野間文芸翻訳賞（二〇一三年）を受賞。

早川敦子　はやかわ　あつこ

一九六〇年生まれ。津田塾大学学芸学部英文学科教授。

専門は二〇世紀から現代にいたる英語圏文学、翻訳論。

著書に『世界文学を継ぐ者たち』『吉永小百合、オックスフォード大学で原爆詩を読む』（共に集英社新書）、

『翻訳論とは何か：翻訳が拓く新たな世紀』（彩流社）など。

また訳書に『クマのプーさんの世界』（岩波書店）、『こどもの情景』（パピルス）、『記憶を和解のために』（みすず書房）など。

※協力　堀口陽子（津田塾大学大学院文学研究科・博士課程）

知のトレッキング叢書

驚《おどろ》くべき日《に》本《ほん》語《ご》

二〇一四年一月二九日　第一刷発行
二〇一四年八月一〇日　第五刷発行

著　者　ロジャー・パルバース
訳　者　早《はや》川《かわ》敦《あつ》子《こ》

発行者　館　孝太郎
発行所　株式会社集英社インターナショナル
〒一〇一-八〇五〇　東京都千代田区一ツ橋二-五-一〇
電話　企画編集部　〇三-五二一一-二六三〇
発売所　株式会社集英社
〒一〇一-八〇五〇　東京都千代田区一ツ橋二-五-一〇
電話　販売部　〇三-三二三〇-六三九三　読者係　〇三-三二三〇-六〇八〇
印刷所　大日本印刷株式会社
製本所　ナショナル製本協同組合

定価はカバーに表示してあります。

ISBN978-4-7976-7265-7 C0081

知のトレッキング叢書は、
高校生から大人まで、
これから知の山脈を
歩き始める人たちに向けた
新しいタイプの叢書です。

アインシュタイン 痛快！ 宇宙論

村山 斉 監修／イアン・フリットクロフト 原作
ブリット・スペンサー 作画／金子 浩 訳

定価 2,000円＋税　ISBN 978-4-7976-7366-1

村山斉氏監修の
「マンガでわかる宇宙論」。
宇宙のはじまり、素粒子論、
相対性理論、量子力学など
物理学の最先端から生命とは何か、
脳や目のしくみにいたるまで、
科学のすべてをこの一冊に凝縮。

宇宙はなぜこんなにうまくできているのか

村山斉 著

定価 1,100円＋税　ISBN 978-4-7976-7223-7

なぜ太陽は燃え続けていられるのか。
なぜ目に見えない
暗黒物質の存在がわかったのか。
そして、なぜ宇宙はこんなにも
人間に都合よくできているのか――。
宇宙の謎がよくわかる、村山宇宙論の決定版。